RÉVOLUTION DE 1848.

CORBEIL. IMPRIMERIE DE CRÉTÉ.

HISTOIRE

DE LA

RÉVOLUTION DE 1848

ET DU

GOUVERNEMENT PROVISOIRE

SUIVIE

D'UN RÉSUMÉ GÉNÉRAL

DES ÉVÉNEMENTS SURVENUS EN FRANCE

Depuis le mois de Février 1848, jusqu'au mois de Juillet 1849.

PAR G. M. HENRI.

PARIS

DESFORGES, LIBRAIRE-ÉDITEUR,

3, RUE DES POITEVINS.

1850
1857

LA RÉVOLUTION DE 1848

ET LE

GOUVERNEMENT PROVISOIRE.

Du 24 Février au 4 Mai 1848.

TABLE DES MATIÈRES.

HISTOIRE
DE LA RÉVOLUTION DE 1848

ET DU

GOUVERNEMENT PROVISOIRE.

I

Les banquets.

Tandis que le système constitutionnel faisait chaque jour de nouveaux progrès en Europe, et que les monarchies absolues se transformaient successivement en gouvernements représentatifs, la France, toujours avide de changements, allait en politique au delà de ces idées. L'amour de la liberté, la haine des inégalités sociales et des grandes fortunes, le goût des réformes, étaient des sentiments qui se développaient partout. On en déduisit des principes exagérés, qui se combinèrent avec les germes transmis par la Révolution de 1789, et avec les nouvelles théories sociales; pour entraîner la France vers la démocratie. Le régime constitutionnel n'était déjà plus considéré comme une forme définitive de gouvernement, mais comme une halte dans la voie du libéralisme.

Le parti conservateur gouvernait la France. En majorité dans les Chambres, il était représenté au ministère, par MM. Guizot et Duchâtel.

L'Opposition était violente. Elle combattait systématiquement tous les actes du ministère, sans cependant parvenir à susciter contre lui la voix puissante de l'opinion. Elle reprochait à M. Guizot d'avoir, dans les questions du Droit de visite, et de l'indemnité Pritchard, sacrifié l'honneur de la France, pour acheter et conserver l'alliance anglaise et d'avoir ensuite compromis cette alliance, en concluant, dans un intérêt purement dynastique, le mariage du duc de Montpensier avec l'Infante d'Espagne.

A l'intérieur, l'Opposition accusait le ministère de tout subordonner aux intérêts matériels et de ne rien faire pour le progrès de nos institutions. Elle le blâmait de ne pas profiter de la majorité qui le soutenait pour réaliser ces paroles, naguère prononcées par M. Guizot au banquet de Lisieux :

« Tous les partis vous promettront le progrès ! — Le parti conservateur seul vous le donnera. »

Parmi les réformes si ardemment désirées par l'Opposition et dont un vague besoin semblait même se faire sentir en France, on réclamait surtout l'exclusion des fonctionnaires de la Chambre et un remaniement de la loi électorale dans un sens plus démocratique. Les radicaux cherchaient à obtenir des armes contre le Gouvernement. Le Socialisme qui jusqu'alors n'avait pas existé comme parti politique, trouvait, dans les défenseurs des idées libérales et dans les ennemis de la dynastie d'Orléans, un puissant appui pour combattre nos institutions, et pour ruiner les remparts que la société pouvait opposer aux idées nouvelles.

La session de 1847 fut nulle. M. Guizot résista à toutes les attaques. L'appui que son éloquence prêtait à ses principes, la force de son parti dans la Chambre, l'accord intime qui régnait entre ses idées et celles du Roi, tout, jusqu'à l'exagération de ses adversaires, consolidait chaque jour plus fermement le Ministère.

Une affaire grave vint tout à coup fournir un aliment à la polémique des journaux de l'opposition. On apprit que M. Teste, Président de la Cour de cassation, qui avait été ministre des Travaux publics en 1842 et en 1843, s'était laissé corrompre pendant son ministère et qu'il avait eu la coupable faiblesse de concéder à prix d'argent au général Despans-Cubières, pair de France comme lui, et à Pellapra, l'exploitation des mines de sel gemme de Gouhenans.

Le scandale de cette affaire, le rang élevé des coupables, les longs débats qui eurent lieu devant la Cour des Pairs, la flétrissante condamnation [1] qui frappa l'ancien

[1] Arrêt de la Cour des Pairs du 17 juillet 1847.

collègue de M. Guizot, eurent un grand retentissement, et occupèrent pendant un mois et demi l'attention de la France. Le mot de corruption fut prononcé par l'Opposition, et l'opinion, d'accord avec elle, fit rejaillir sur le Ministère, sur le parti conservateur, sur le Gouvernement tout entier et sur les hautes classes de la société, la honte de ce procès et de ces tristes révélations.

Les députés de l'Opposition présents à Paris se réunirent alors au Château-Rouge, dans un banquet, pour protester contre la politique du Ministère et pour signer une pétition en faveur de la Réforme. Cette manifestation fut suivie d'une circulaire, signée, le 1ᵉʳ août 1847, par MM. le comte de Lasteyrie et Pagnerre, qui invitèrent, au nom du Comité central de l'Opposition, les électeurs des départements à faire dans toute la France des démonstrations analogues à celle qui venait d'avoir lieu au Château-Rouge.

Quelques banquets s'organisèrent. On y cria beaucoup à la corruption. Les événements parurent justifier ces accusations.

Un pair de France, un des plus grands noms de l'aristocratie, M. le comte de Praslin, assassina sa femme d'une manière atroce. Les horribles détails de ce drame firent frissonner tous les cœurs, noircirent toutes les imaginations, ranimèrent toutes les polémiques. Le coupable se déroba par le poison à la juste vengeance des lois et à la honte du supplice, mais il ne put se dérober à la honte du scandale. Les lettres de sa malheureuse femme, publiées dans tous les journaux, dévoilèrent avec éloquence à tous les yeux les secrets de la vie privée, la bassesse d'un membre de l'aristocratie, et les souffrances prolongées de sa victime.

Ces deux grands procès criminels ne furent pas les seuls coups portés à la Pairie et aux hommes du gouvernement. Plus tard, c'est un ambassadeur, M. le Comte Mortier, qui, dans un accès d'aliénation mentale, menace d'égorger ses enfants, et répand sur leur mère les plus noires calomnies. C'est ensuite Varnery, qui suscite des accusations de concussion contre le maréchal Soult, président du Conseil. C'est M. Émile de Girardin, rédacteur du journal *la Presse*, qui, après avoir abandonné la défense du parti conservateur, accuse hautement le Ministère d'avoir trafiqué d'un privilége de théâtre et d'avoir mis à prix un titre de pair de France. Traduit pour cette dernière allégation devant la Chambre des Pairs, M. de Girardin n'avait fourni aucune preuve, et la Chambre n'avait pas osé, en l'appelant en justice, le mettre au défi de se justifier. L'impunité encourageait encore la violence du journaliste.

La presse tout entière, acharnée contre le Gouvernement, exploitait avec une égale animosité les crimes et les concussions, les fautes, les accusations et les calomnies. Elle ouvrait ses colonnes aux discours fougueux, prononcés dans les banquets par les orateurs de l'Opposition, et accueillait avidement tous les bruits, toutes les dénonciations. Le *Journal des Débats* était le seul journal de Paris qui défendît le Ministère. Il s'efforçait de tourner en ridicule ces démonstrations dont il était loin de prévoir le dénouement sérieux.

Soixante et onze banquets eurent lieu en France, quatre-vingt-dix-sept députés y prirent part, et s'y livrèrent à des déclamations violentes contre le Ministère et contre le système électoral. Toutes les nuances de l'Opposition se donnèrent rendez-vous à ces réunions, où l'on portait les toasts les plus significatifs, et où l'on refusait ouvertement de boire à la santé du Roi.

La discussion qui s'éleva, le 7 novembre 1847, au banquet de Lille, où le chef de l'Opposition dynastique, Odilon Barrot, fut obligé de se retirer devant le chef du parti radical, Ledru Rollin, ne suffit pas pour constituer une scission durable dans le sein de l'Opposition. Les banquets continuèrent, et l'on y professa toutes les doctrines, depuis le communisme comme à Autun et à Montargis, jusqu'au terrorisme comme à Dijon et à Châlons.

Pour beaucoup de personnes en effet il ne suffisait pas d'obtenir une réforme électorale ou de ravir au parti conservateur des portefeuilles depuis longtemps convoités ; il fallait renverser le Gouvernement avec le Ministère, la Charte avec le Roi, et inaugurer des théories nouvelles. Les légitimistes, les socialistes, les républicains s'étaient coalisés pour perdre la dynastie de Juillet. Ils unissaient leurs efforts dans ce but commun. Ils aspiraient à une révolution, que chacun croyait pouvoir

ensuite faire tourner à son profit; mais ce qu'il y avait
de plus déplorable, c'était de voir l'Opposition constitutionnelle, trop impatiente de réformes, s'associer aux
attaques des partis extrêmes.

L'abaissement du prix des journaux et les développe-
ments donnés à l'instruction primaire avaient favorisé
l'émission des idées dangereuses. Le peuple de Paris,
toujours avide de nourriture intellectuelle, s'était imbu
ainsi des plus funestes doctrines. Des théories antisociales avaient insensiblement pénétré dans les esprits ;
chaque jour elles faisaient de nouveaux progrès parmi
les classes ouvrières, si faciles à éblouir et à égarer. La
presse communiste et les feuilles radicales dictaient
déjà l'opinion de Paris.

Dans la haute littérature, on ne s'occupait guère plus
que d'histoire, et c'étaient surtout les annales de la Révolution française que l'on se plaisait à dérouler. Chaque
parti exposait à sa manière, groupait et jugeait à son
point de vue, ces événements si féconds en conséquences, si propres à exciter l'attention et à soulever
les passions. M. de Lamartine venait de publier *l'Histoire des Girondins* où il faisait audacieusement l'apologie de Robespierre. Le charme du récit, l'éloquence
des descriptions, la poésie et la grandeur que l'écrivain
avait su répandre sur les principes révolutionnaires, sé-
duisaient et corrompaient tous les esprits. D'autres livres,
moins répandus par le succès, mais plus dangereux par
les doctrines, circulaient librement et étaient avide-

ment lus. L'*Histoire de la Révolution* de Louis Blanc, plaidoyer en faveur du peuple contre les classes moyennes, celle de Michelet, apologie des faubourgs de Paris, les *Montagnards* de M. Esquiros, apologie de la Terreur et de Marat, tous ces ouvrages, dans lesquels on s'efforçait d'embellir les théories funestes, ou même de justifier le crime, se joignaient aux déclamations des orateurs des banquets et aux attaques de la presse, pour susciter les passions révolutionnaires.

On répétait alors presque partout en France, que le Ministère n'avait obtenu la majorité dans les colléges électoraux et dans le Parlement, que par la corruption des électeurs et des députés [1]; on affirmait hautement que les votes avaient été achetés par des promesses multipliées, par des faveurs, des places, ou par des concessions de chemins de fer. Malheureusement les mœurs des hautes classes semblaient, comme nous l'avons vu, justifier ces soupçons.

Louis-Philippe et M. Guizot étaient les hommes politiques dont la vie privée et les sentiments offraient le

---

[1] Voir, sur ces accusations, la brochure de M. Liadières, intitulée **1848** et **1830**.— Depuis le 29 juillet 1830 jusqu'au 24 février 1848, 1200 députés différents ont successivement siégé à la Chambre et il y a eu 12 changements de ministères. Pendant cette période de 17 ans et demi, le nombre des députés promus à des fonctions publiques salariées s'est élevé à 55, dont 20 étaient membres de l'opposition constitutionnelle. Il n'y en a eu que 13 sous le ministère Guizot, du 29 octobre 1840 au 24 février 1848.

moins de prise à la médisance. Aussi n'attachaient-ils pas d'importance à toutes ces attaques : cette confiance les perdit.

Le Ministère ne poursuivait aucun journal, il laissait librement prononcer et publier les discours les plus violents; il n'opposait enfin que la plus calme indifférence aux injures, aux accusations, aux insinuations dont il était l'objet. Il ne paraissait pas s'apercevoir que tout l'abandonnait, que Paris, comme un seul homme, réclamait la Réforme, que la garde nationale était désaffectionnée, et que les Radicaux s'agitaient sourdement. La calomnie grandissait. Elle anéantissait insensiblement l'autorité morale du ministère. Elle ruinait jusqu'à l'influence de la Chambre des députés.

Telle était la position respective des partis, et les moyens avec lesquels ils attaquaient l'État, au commencement de l'année 1848. — La situation des affaires étrangères contribuait aussi beaucoup à agiter les esprits.

Les radicaux triomphaient en Suisse. Les cantons libéraux, en majorité dans la Diète, voulaient forcer les cantons catholiques, qui avaient formé la ligue du *Sunderbund*, à chasser de leur sein les jésuites, et sur leur refus, les soumettaient par la force des armes.

En Italie, les réformes modérées faites par le Pape Pie IX avaient partout réveillé des idées de changement; les divers États se soulevaient pour obtenir des constitutions.

II

La Révolution.

C'est au milieu de ces agitations que commença en France la session de 1848. Le Ministère qui se sentait soutenu dans le Parlement par une grande majorité, et qui croyait l'Opposition tombée dans le discrédit depuis sa présence aux banquets, introduisit dans le discours de la Couronne un blâme indirect contre les manifestations qui venaient d'avoir lieu en faveur de la Réforme. Il fut question, dans ce discours, *d'entraînements aveugles et de passions ennemies*. Ces mots excitèrent de violents murmures dans l'Opposition, et elle se prépara à combattre de toute son énergie la réponse à l'Adresse, qui reproduisait les mêmes expressions.

La discussion soulevée d'abord sur la politique du Gouvernement dans les affaires de Suisse et d'Italie, fut très-animée. C'est à ce moment que le roi de Naples était forcé par ses sujets de promulguer une Constitution, et que la Sicile insurgée repoussant ses concessions se déclarait indépendante, et proclamait un Gouvernement provisoire.

Le succès oratoire de M. Guizot fut complet, et la Chambre ratifia sa politique extérieure.

Quand on en vint au paragraphe qui faisait allusion aux banquets, un débat excessivement violent éclata. On contesta au Gouvernement le droit d'empêcher les réunions publiques de la nature des banquets. Quatre jours de lutte ne purent résoudre une question agitée par les passions. On vota, et la majorité fidèle au Ministère accepta la rédaction de la commission, et repoussa tous les amendements qui tendaient à la modifier. La minorité s'abstint de voter (12 février 1848).

L'Opposition ne se tint pas pour battue ; elle annonça qu'un banquet allait avoir lieu à Paris même. Cette manifestation, légale selon elle, devait être une protestation contre l'opinion du Ministère qui voulait confisquer injustement le droit de réunion. Les députés qui avaient participé aux banquets, convinrent que cette démonstration pacifique s'effectuerait aux Champs-Élysées, le mardi 22 février à midi.

Le programme est publié le 20. On y convoque les jeunes gens des Écoles, et la garde nationale, qui doit se réunir sans armes, mais en uniforme. La commission invite du reste la population à ne pas sortir de la légalité et de la modération.

A quatre heures et demie, ce jour-là, soixante-dix-sept Députés avaient pris l'engagement écrit d'assister au banquet. Parmi eux se trouvait M. de Lamartine, qui, par son éloquence, avait triomphé de toutes les hésitations de ses collègues.

Le lendemain, 21, *la Réforme*, journal de Ledru Rollin et organe officiel du parti radical, publiait une déclaration qui se terminait ainsi : « Nous voyons se prononcer un mouvement national. La démocratie tout entière doit y prendre part. La Révolution et la contre-révolution sont en présence. Nous entrons dans la manifestation, et nous y appelons tous nos amis. »

Ces lignes, qui étaient une invitation à l'adresse des sociétés secrètes, dénotaient un complot contre le Gouvernement. Le banquet allait être évidemment un prétexte de désordre. Peut-être même voulait-on en faire le signal d'une émeute.

Le Ministère, préférant une solution judiciaire à l'emploi de la force, avait annoncé l'intention de ne pas s'opposer à la démonstration, tant que l'ordre ne serait pas troublé. Il voulait se borner à faire constater par un procès-verbal la conduite irrégulière de ses adversaires. Les tribunaux auraient ensuite résolu la question de légalité. Mais la déclaration insérée dans *la Réforme* rendait indispensables des mesures plus énergiques.

Le Gouvernement se décide enfin à résister et à empêcher le banquet. Il annonce que le terrain, fixé pour la réunion, sera, dès le matin, occupé militairement. Un arrêté est affiché pour défendre les attroupements, tandis qu'un ordre du jour interdit aux gardes nationaux de se rassembler sans une convocation de leurs chefs immédiats.

Odilon Barrot se plaint à la tribune de ce qu'il appelle ces menaces de compression. Il rejette sur le Ministère la responsabilité de tout ce qui pourra arriver. Il désavoue cependant les termes du manifeste des radicaux.

M. Duchâtel lui répond avec une fermeté et une raison qui contribuent beaucoup à dessiller les yeux du chef de l'Opposition dynastique. Barrot regarde enfin derrière lui et aperçoit les ennemis de la société prêts à triompher et du Ministère et de lui-même. Il renonce au banquet. Les autres députés y renoncent aussi, à l'exception de dix-huit d'entre eux, notamment de M. de Lamartine. Ce dernier s'écrie qu'il ira au banquet, dût-il n'être suivi que de son ombre [1].

Le lendemain, 22, un grand concours de peuple se porte aux Champs-Élysées. Des bandes d'ouvriers et d'étudiants arrivent en chantant des hymnes patriotiques. On voit des figures sinistres apparaître au milieu des groupes. Les désordres commencent. La garde municipale charge à plusieurs reprises cette foule qui se disperse devant elle. Quelques barricades sont élevées, mais on les fait aussitôt disparaître.

Cependant, et malgré l'effroi que leur inspirent déjà leurs alliés de la veille, MM. Barrot et Duvergier de Hauranne n'ont pas renoncé à leur opposition contre

[1] M. de Lamartine reconnaît aujourd'hui combien cette persistance était coupable. — Révolution de 1848, I, p. 62.

M. Guizot. Tout en reconnaissant par leur conduite que cet homme d'État avait bien vu la situation, ils déposent, au moment même où commence l'émeute, l'acte d'accusation du Ministère sur le bureau de la Chambre. Ce document était signé par cinquante-trois députés, entre autres par MM. Léon de Malleville, Baroche, Drouyn de Lhuys, Léon Faucher.

Vers le soir, l'insurrection prend un caractère plus prononcé. Les émeutiers, maîtres du terrain qui s'étend entre les rues Saint-Martin et du Temple, brisent les réverbères, se barricadent et engagent quelques fusillades avec les patrouilles qui parcourent la ville. Les troupes stationnent et bivouaquent dans tous les quartiers, sur les Boulevards, au Carrousel, sur la place de la Concorde.

Le rappel est battu au point du jour. La garde nationale, qui commence à se réunir, s'interpose entre le peuple et les troupes. Sur plusieurs points, elle se joint même à la foule pour crier : « *A bas Guizot! vive la Réforme!* » Elle ne veut, en aucune façon, paraître soutenir le Ministère. Elle dirige à chaque instant des députations vers les Tuileries et vers la Chambre, pour demander le renvoi de M. Guizot. A trois heures, cinq cents gardes nationaux se rendent sans armes au Palais-Bourbon et offrent leur concours pour rétablir l'ordre, mais en protestant contre « ce Ministère corrupteur et corrompu. »

Le Roi, alarmé de ces démonstrations et voyant gran-

dir l'insurrection, cède enfin. Il accepte la démission
de M. Guizot et charge MM. Molé et Dupin de composer
un nouveau ministère. M. Guizot l'annonce lui-même à
la Chambre des députés, en assurant que tant qu'il res-
tera au pouvoir, il résistera à l'émeute.

La nouvelle de sa chute est reçue avec des applaudissements. Elle court de barricade en barricade. Le
feu cesse partout.

Le soir, Paris illumine pour fêter le triomphe de
l'Opposition.

Mais, tandis que la bourgeoisie parisienne se glorifie
de son succès et se félicite de la révolution ministérielle
qu'elle vient d'accomplir, les conspirateurs veillent
dans l'ombre ; les comités socialistes, les sectionnaires
des Droits de l'Homme, toutes les sociétés secrètes sont
en permanence. Les radicaux ont résolu de renouveler
la lutte civile ; ils veulent à tout prix transformer en
insurrection la manifestation imprudente du matin.

A la nuit, on voit sortir des faubourgs des groupes de
gens armés, marchant à la lueur des torches, portant le
drapeau rouge, vociférant des menaces. Ils se présentent devant les bureaux du *National* et de la *Réforme*,
où d'autres conspirateurs étaient réunis et semblaient
les attendre. Les émeutiers y sont harangués. Marrast
lui-même [1] excite par sa parole le feu des passions révolutionnaires qui embrase le sein de ces hommes dan-

---

[1] Lamartine. Révolution de 1848, I, p. 93.

gereux. Les colonnes se dirigent ensuite silencieuse-ment vers le boulevard des Capucines.

De nombreuses troupes campaient devant le Ministère des affaires étrangères. Le 14ᵉ de ligne occupait les trot-toirs. Tout à coup, vers 10 heures, du milieu de la foule, une arme à feu retentit. Le cheval du comman-dant est blessé. Les soldats à leur tour, se voyant atta-qués, font, sans en avoir reçu l'ordre, une décharge meurtrière, qui balaye la place.

Était-ce une panique qui avait fait tirer l'imprudent coup de feu? Un odieux calcul avait-il dirigé le bras d'un conspirateur? C'est ce qui n'a pas encore été éclairci. L'opinion publique, toujours hardie dans ses ju-gements, a adopté cette dernière version. Un nom connu a été prononcé, mais l'histoire ne saurait ac-cueillir le soupçon.

Si le coup de feu n'était pas prémédité, la guerre ci-vile l'était [1] ; et la démagogie s'empara avec bonheur de la cruelle circonstance qui ensanglantait le pavé de Paris. Les cadavres sont ramassés avec un empresse-ment jaloux. On les entasse avec art sur des tombe-reaux qui se trouvaient près de là, tout attelés, comme si une main prévoyante les avait amenés. Le sombre cortége se groupe à l'entour, et à la lueur des torches, aux éclats funèbres du tocsin, au bruit sinistre des ap-

---

[1] C'est aussi l'opinion de Lamartine. Révolution de 1848, I, p. 96.

pels aux armes, le char ensanglanté passe sous les fenêtres du *National* et va parcourir les faubourgs.

La colère, l'indignation, l'amour de la vengeance se répandent partout sur son passage ; partout on entend retentir ces mots « *Aux armes ! aux armes ! on assassine nos frères !* » A ce cri, on se soulève, on s'assemble. Le lendemain [1], le jour éclaire mille barricades.

Le Roi, de son côté, avait, au milieu de la nuit, et sur la proposition de M. Guizot, confié le commandement supérieur des troupes et de la garde nationale au maréchal Bugeaud, récemment arrivé à Paris et que la Providence semblait avoir ramené en France pour sauver la monarchie constitutionnelle.

A cinq heures du matin, M. Molé renonce à former un ministère, et le Roi appelle dans son Conseil MM. Thiers et Barrot. Quelques heures après, ce dernier, auquel M. Thiers avait cédé la présidence du Conseil, était porté en triomphe au ministère.

La garde nationale paraît, le peuple la reçoit au cri de : « *A bas Louis-Philippe !* » Elle hésite à attaquer, se borne à des paroles de conciliation qui ne sont pas écoutées, ne fait entendre aucune acclamation à la vue du maréchal Bugeaud qui parcourt Paris à cheval. Enfin elle se jette entre les combattants pour suspendre les coups, ou se range du côté du peuple.

On ne pouvait plus compter que sur l'armée ; mais elle était fidèle et bien commandée.

---

[1] Jeudi, 24 février.

Le maréchal Bugeaud avait employé les dernières heures de la nuit à combiner ses mesures. Tout était prêt pour la répression. Déjà Tiburce Sébastiani [1], à la tête d'une colonne de troupes, s'avançait par les quais, tandis que le général Bedeau suivait les Boulevards. Les ordres, admirablement bien précisés, avaient été transmis et exécutés avec une promptitude parfaite. Le succès n'était pas douteux.

Tout à coup on apprend que le Roi, effrayé de l'idée de verser le sang et surtout d'armer les troupes contre la garde nationale de Paris, vient de céder aux sollicitations de M. Thiers et de révoquer le Commandant en chef. Louis-Philippe prescrivait en effet au maréchal de renoncer à l'offensive et de faire replier les troupes.

Bugeaud obéit en murmurant. L'ordre est partout donné de suspendre le feu ; les soldats se débandent. Ils livrent même sur quelques points leurs armes au peuple. La colonne du général Bedeau revient par les boulevards la crosse en l'air [2], et va prendre position sur la place de la Concorde.

MM. Thiers, de Rémusat, Duvergier de Hauranne, étaient à bout d'expédients. Le Roi venait de passer en revue les troupes campées dans le Carrousel. La garde

---

[1] Frère du maréchal Sébastiani.

[2] « Je n'eus connaissance de ce fait qu'après être arrivé avec « la tête de colonne dans la rue Royale. » — Bedeau, lettre à la *Revue des Deux-Mondes*.

nationale avait salué son passage par les cris de : « *Vive la Réforme !* » MM. Guizot et de Broglie avaient été congédiés. La Reine engageait en vain Louis-Philippe à monter à cheval et à mourir en défendant son trône.

Tout à coup, M. de Girardin, qui avait peu de jours auparavant donné sa démission de député, se présente aux Tuileries. Il fait de Paris le plus sombre tableau et conseille au Roi d'abdiquer. Il offre une proclamation déjà tout imprimée portant :

> L'abdication du Roi,
> La régence de la duchesse d'Orléans [1],
> La dissolution de la Chambre des députés,
> Et une amnistie générale.

Les sollicitations du journaliste et surtout celles du duc de Montpensier décident le Roi à renoncer au trône. Tandis que M. de Girardin court répandre cette nouvelle dans Paris, le Roi trace à la hâte en ces termes l'acte d'abdication :

« J'abdique cette couronne que je tenais des vœux du peuple et je la laisse à mon petit-fils. Puisse-t-il être plus heureux que moi !

« LOUIS-PHILIPPE. »

Le prince n'avait pas encore signé cette déclaration, que le maréchal Bugeaud paraissait devant lui. Il venai détourner le Roi du projet d'abdiquer et lui offrir une dernière fois de sauver la monarchie.

---

[1] Une loi, faite en prévision de la mort du Roi, attribuait la régence au duc de Nemours.

Alors éclata entre le vieux général, Louis-Philippe, la Reine et le duc de Montpensier, une de ces grandes scènes dont l'histoire se plaît à retracer le souvenir. La majesté du débat, la solennité du moment, l'insistance du maréchal, la vive impétuosité du jeune prince, la noblesse de la Reine, donnaient à cette suprême discussion un intérêt des plus dramatiques. Le duc de Montpensier luttait seul en faveur de l'abdication ; il l'emporta, et le Roi signa.

MM. Thiers et de Rémusat étaient témoins muets de cette scène.

Tous ceux qui entouraient Louis-Philippe, amis, ministres, serviteurs, n'avaient cessé de lui répéter que les concessions, non-seulement sauveraient son trône, mais épargneraient une guerre civile, autrement inévitable. Le Roi, peut-être aussi, sentait alors la faiblesse du principe de son gouvernement. Il croyait à la souveraineté du peuple, à l'omnipotence de Paris qui lui avait déféré la couronne en 1830. Il craignait de donner à son règne le caractère d'une usurpation, s'il recourait à la force pour maintenir sa dynastie au pouvoir et s'il continuait à régner malgré la volonté du peuple de Paris. Il n'aurait pas hésité à répandre le sang des émeutiers et des conspirateurs, mais il ne pouvait se résoudre à faire couler celui de la garde nationale, le sang de la bourgeoisie et du vrai peuple.

C'est sous l'inspiration de ces sentiments, que Louis-Philippe avait cédé aux sollicitations de ses conseillers, qu'il avait d'abord sacrifié son ministère devant l'émeute, qu'il avait ensuite signé l'ordre de faire retirer les troupes et qu'il accordait enfin son abdication.

Cependant les insurgés, vainqueurs au Palais-Royal, où ils avaient livré aux flammes le poste du Château d'eau, marchaient sur les Tuileries. Déjà on entendait de plus près le bruit de la fusillade. Les personnes qui entourent le Roi le supplient de s'éloigner. Elles l'assurent que, s'il consent à quitter Paris, la garde nationale satisfaite défera elle-même les barricades et que la proclamation du comte de Paris ne trouvera plus d'opposition. Le Roi, qui avait déjà trop fait de concessions pour pouvoir en refuser une nouvelle, n'ayant plus de point d'appui pour la résistance, sans armée, sans défenseurs et préférant d'ailleurs, comme nous l'avons vu, tous les sacrifices personnels à la dure nécessité de répandre le sang, le Roi se décide à la fuite.

Il quitte son uniforme. Il fait à la hâte quelques préparatifs de départ, et, suivi de la Reine, de la duchesse de Nemours, des enfants de cette dernière, il abandonne le palais, au milieu de la consternation et des larmes de tous les témoins de cette scène. La Reine, en sortant, jette à M. Thiers un regard plein de reproche : « Vous ne méritiez pas un si bon Roi ! » lui dit-elle.

M. Crémieux s'élance sur les pas de Louis-Philippe, s'efforçant, par d'importunes obsessions, d'obtenir une parole d'assentiment à la régence de la duchesse d'Orléans. Le prince inflexible, refuse de sanctionner, même d'un mot, la violation d'une loi.

La famille royale pénètre dans le souterrain qui conduit sous la terrasse du bord de l'eau ; elle traverse le jardin des Tuileries et se trouve pressée au milieu de la multitude qui encombre la place de la Concorde. Une voiture de louage attendait les exilés au pied de l'obélisque. Ils y montent en toute hâte. M. Crémieux ferme la portière. La voiture part au galop. Quelques dragons postés dans les Champs-Élysées, s'élancent après elle pour l'escorter, et essuient une décharge qui tue deux chevaux.

La confusion de cette fuite fut si grande que la duchesse de Montpensier, alors enceinte, et la princesse Clémentine furent oubliées dans la foule et durent aller chercher un refuge chez M. Jules de Lasteyrie, gendre de Lafayette et député.

La duchesse d'Orléans, séparée des Ministres et presque seule dans les Tuileries désertes, s'était retirée avec ses fils sous le portrait du duc d'Orléans, où elle voulait attendre les insurgés. M. Dupin lui conseille d'aller présenter le comte de Paris à la Chambre des députés et de l'y faire proclamer Roi. La princesse y consent. Suivie de M. Dupin, et précédée de M. Lacrosse, elle se rend à pied avec ses fils au Palais législatif.

Le jeune prince en faveur duquel Louis-Philippe avait abdiqué et qu'on allait ainsi faire proclamer Roi des Français, n'avait alors que dix ans. Sa jeunesse, son innocence, ses malheurs, les vertus de sa mère, la mémoire de son père, tout semblait fait pour toucher les cœurs.

Le Carrousel était encore plein de troupes. Au milieu d'elles se tenait le duc de Nemours à cheval. Deux sous-officiers de la garde nationale se présentent au prince. Ils lui déclarent que leur légion approche, qu'il va y avoir beaucoup de sang répandu ; qu'il faut, pour éviter ce malheur, évacuer sur-le-champ le palais et en confier la défense à la garde nationale.

Le prince se retire avec les troupes.

Les insurgés pénètrent dans les Tuileries, en brisent les ameublements, dispersent aux vents les papiers de la famille royale, détruisent les portraits, mettent le feu au palais, et vont en triomphe brûler le trône sur la place de la Bastille.

Le duc de Nemours s'occupait à concentrer les troupes sur les quais et aux Champs-Élysées. Il avait déjà écrit un billet au crayon à la duchesse d'Orléans pour l'engager à se rendre à Saint-Cloud, où il voulait se retirer et rallier ses forces. Tout à coup il apprend que la princesse vient de partir pour la Chambre des députés. Il y court lui-même, afin sans doute d'autoriser de sa présence l'abandon des droits que lui confère la loi de Régence. Mais, par une imprévoyance difficile à expliquer, il ne se fait suivre d'aucune troupe ; et lorsqu'il rejoint sa belle-sœur et ses neveux, il était seul pour les protéger.

Le cortége entre en désordre dans la Chambre, où il

est salué par les acclamations des députés du parti conservateur.

M. de Lamartine était alors, dans un des bureaux, en
conférence secrète avec quelques-uns des chefs de l'insurrection, Hetzel, Marrast, Bastide, Flocon, Bocage [1].
Ces hommes offraient à l'auteur des Girondins d'appuyer et de faire proclamer la Régence, s'il voulait accepter la présidence du Conseil des ministres et promet-
tre de diriger vers la démocratie la politique du nouveau
règne. Lamartine refuse ce pouvoir, auquel il faudrait
sacrifier sa liberté ; il déclare qu'il ne voit de salut que
dans la République [2], et il entre dans la Chambre des
députés.

M. Dupin, profitant des sentiments que l'arrivée de la
duchesse d'Orléans et de ses fils venait de faire éclater,
s'était empressé de proclamer l'abdication de Louis-
Philippe et l'avénement du comte de Paris, avec la régence de sa mère et le ministère d'Odilon Barrot.

Les cris de *Vive le Roi! vive la régente!* accueillent cette
nouvelle [3]; MM. Dupin et Sauzet prennent acte de ces
acclamations et demandent qu'elles soient mentionnées
au procès-verbal.

---

[1] Marrast et Bastide, du *National* ; Flocon, de la *Réforme* ;
Hetzel, libraire ; Bocage, directeur de l'Odéon.

[2] « Moi-même qui ai prononcé un des premiers ce mot de
République, je vous jure que je ne savais pas une heure avant
ce que j'allais dire. » Lamartine, *Conseiller du peuple*, 1er n°,
p. 17.

[3] *Moniteur.*

Mais l'Opposition proteste. Elle refuse de délibérer en présence de la duchesse d'Orléans. M. de Lamartine lui-même propose de suspendre la séance. Le président hésite. « Ceci est une séance royale, » lui dit avec dignité la princesse. Le général Oudinot, qui venait de faire inutilement appel à la garde nationale de service au Palais, prononce quelques paroles pour ranimer les sympathies en faveur de la duchesse.

On perd des moments précieux. Les députés conservateurs, embarrassés par la loi de Régence, déconcertés par la retraite du ministère Guizot, et découragés par le peu de résistance que le Gouvernement opposait à l'émeute, ne savaient plus où puiser leurs inspirations. Ils n'avaient plus de chefs ; pas un ministre n'était encore arrivé. Le Palais législatif n'était pas défendu.

La gauche profite de ces incertitudes, et ses orateurs sont déjà maîtres de la tribune, quand arrive Odilon Barrot.

Marie est entendu le premier. Il propose l'établissement d'un Gouvernement provisoire, « qui avisera concurremment avec la Chambre ; » Crémieux appuie cette motion, mais sans parler de la Chambre.

Barrot prend enfin la parole, sans s'apercevoir que la duchesse d'Orléans cherchait à se faire entendre elle-même. La voix du ministre couvre celle de la princesse ; l'argumentation de l'homme d'État étouffe les accents de la nature, qui seuls pouvaient alors avoir quelque succès.

Barrot combat l'idée d'un Gouvernement provisoire. Le légitimiste La Rochejaquelein la défend. Ce dernier ajoute en s'adressant aux députés : « Aujourd'hui vous n'êtes rien ! plus rien ! »

Ces paroles excitent un violent murmure ; mais en ce moment, la salle, où se trouvaient déjà beaucoup de personnes étrangères à la députation, est envahie par un flot de combattants, qui viennent réclamer la déchéance de Louis-Philippe et appuyer la Régence.

« C'est un faux peuple ! s'écrie Marrast, qui se trouvait dans la tribune des journalistes. Je vais appeler le vrai. »

Un des arrivants [1] monte à la tribune et propose à la duchesse d'Orléans de venir sur les boulevards présenter son fils au peuple. Un autre annonce la prise des Tuileries et la destruction du trône.

La plus grande confusion règne dans la Chambre. Cependant le chef du parti radical, Ledru Rollin, obtient le silence.

Il parle au nom des insurgés avec lesquels il s'identifie. « Depuis deux jours, s'écrie-t-il, nous nous battons pour le droit. Eh bien ! si vous résistez, si vous prétendez qu'un Gouvernement par acclamation, qu'un Gouvernement éphémère, qu'emporte la colère révolutionnaire, existe, nous nous battrons encore. » Invoquant la Constitution de 1791, « qui plane, dit-il, sur le pays

[1] Chevallier, depuis commissaire du Gouvernement à Bordeaux.

et sur notre histoire, » l'orateur rappelle que cette Constitution interdit au Pouvoir législatif le droit de faire une loi de Régence, sans un appel au peuple. Il conclut donc en demandant un Gouvernement provisoire nommé par le peuple et non par la Chambre, «un Gouvernement provisoire et un appel *immédiat* à une *Convention* qui régularise les droits de la nation. »

Lamartine qui, dans la discussion de la loi de Régence, avait naguère défendu avec une admirable éloquence les droits de la duchesse d'Orléans, Lamartine prend ensuite la parole. Il réclame aussi un Gouvernement provisoire *«qui ne préjuge rien sur la nature du Gouvernement définitif qu'il plaira à la nation de se donner, quand elle aura été interrogée. »* Il en définit ainsi la mission :

« Ce Gouvernement établira la trêve indispensable entre les citoyens. Il préparera *à l'instant* les mesures nécessaires pour convoquer le pays tout entier, pour le consulter, et pour consulter la garde nationale tout entière. »

En ce moment, des coups de feu retentissent dans les couloirs. Les portes sont enfoncées, les tribunes envahies. Des hommes du peuple, introduits par Marrast, mettent les députés en joue, et rendent toute discussion impossible. La confusion et la terreur sont au comble. M. Sauzet lève la séance [1] et quitte le fau-

[1] Moniteur.

téuil. Il y est remplacé par Dupont de l'Eure [1]. On entraîne la duchesse et ses fils, on fait sauver le duc de Némours par une fenêtre, tandis que la foule armée proclame un Gouvernement provisoire.

Ce Gouvernement est composé, sous la présidence de Dupont de l'Eure, de MM. Lamartine, Ledru Rollin, Crémieux, François Arago, Marie et Garnier-Pagès, tous membres de la Chambre des députés.

Les noms, d'abord lus par Dupont de l'Eure, sont ensuite soumis par Ledru Rollin aux acclamations des insurgés qui entourent la tribune.

Cette consécration populaire est accompagnée des cris de « *Vive la République !* »

Les membres du nouveau Gouvernement, suivis de la foule, se rendent à pied par les quais à l'Hôtel de Ville. Avant de quitter la Chambre des députés un des insurgés perça de deux balles le portrait de Louis-Philippe.

La duchesse d'Orléans s'était réfugiée au Palais de la présidence, où, dans les angoisses les plus vives, elle attendait ses fils, dont elle avait été séparée au milieu de la confusion de sa retraite. Il fallut arracher le comte de Paris des mains brutales d'un bandit, et chercher long-temps dans la foule le duc de Chartres qui s'était

---

[1] Dupont de l'Eure avait alors 83 ans. « Si sa modestie refuse, dit Lamartine aux jeunes gens qui allèrent chercher le vieillard sur son banc, faites violence à ses cheveux blancs et entraînez-le malgré lui au fauteuil. » Lam., *Hist. de la Rév.*, I, p. 218.

égaré. Enfin la mère et les fils sont réunis, et ils partent aussi pour l'exil.

Paris était alors en proie à toute l'horreur de l'anarchie ; les troupes, poursuivies et chassées, s'éloignaient devant l'insurrection. Le peuple régnait en maître sur les barricades. Ses combattants se montraient tantôt généreux, tantôt criminels et avides. Ici, on égorgeait des gardes municipaux ; là, on les arrachait aux fureurs de leurs ennemis. Des hommes en blouse s'efforçaient de faire respecter la propriété et fusillaient les voleurs. D'autres jetaient leurs armes pour se livrer au pillage. Les palais étaient dévastés, les objets d'art brisés, les bijoux enlevés. Un ramas de misérables se glissaient dans les caves des Tuileries et s'y abandonnaient à la plus brutale ivrognerie. Ils se noyèrent dans le vin, et l'on put voir bientôt leurs cadavres hideux entassés sur les perrons.

III

L'Hôtel de Ville.
Constitution du Gouvernement provisoire.

La bourgeoisie de Paris, dans un sentiment exagéré de libéralisme, avait voulu renverser un ministère qu'elle accusait de ne pas entrer dans la voie des réformes; mais elle n'avait pu elle-même résister au flot populaire qu'elle avait eu l'imprudence de soulever. Le mouvement, bien dirigé par les chefs de la démagogie, venait, comme nous l'avons vu, d'emporter la Monarchie avec le ministère.

Le complot avait été tramé dans les bureaux du *National* et de la *Réforme*. C'était là le quartier général de ceux qui avaient la haute main sur l'insurrection. — De là partaient les ordres pendant le combat, de là sortit aussi le Gouvernement nouveau. La liste en avait été faite à l'avance, et l'on y avait compris tous les noms influents de la démocratie. Ils avaient ensuite été acclamés en désordre à la Chambre des députés, par le peuple des barricades.

Les nouveaux élus parviennent avec peine à traverser la foule immense qui couvre la place de Grève. Ils pénètrent enfin dans l'Hôtel de Ville et s'emparent d'une chambre étroite et obscure, où ils se réfugient, abandonnant à la multitude le reste de l'édifice. Des jeunes gens des Écoles, journalistes, des hommes populaires dans la démocratie, viennent se ranger autour d'eux et offrir leurs services.

On arrête alors définitivement le nom des membres du Gouvernement provisoire. On y adjoint Louis Blanc, Ferdinand Flocon, Armand Marrast, Albert, [1] ouvrier mécanicien, enfin le libraire Pagnerre. Imposés d'abord par leur influence démagogique et acceptés avec le simple titre de secrétaires, ces hommes, puissants par les circonstances, assumèrent bientôt le rang et les droits de membres du Gouvernement ; Pagnerre seul resta secrétaire.

Au moment où ce pouvoir révolutionnaire était ainsi constitué, les sectionnaires de la société des Droits de l'Homme organisaient une sorte de Commune à la Préfecture de police. Un troisième gouvernement était proclamé par les insurgés, maîtres de l'Hôtel de Ville.

Le tumulte et la confusion régnaient dans cet édifice populaire. Les combattants, encore excités par le mouvement de la lutte, s'y livraient à toutes les fureurs d'une anarchie sanguinaire.

---

[1] Albert est le même qui, en 1840, dans le procès de Darmès, figurait sous le nom de Martin (Albert-Alexandre).

Tout à coup, Lamartine se présente au milieu d'eux. Sa parole éloquente et courageuse les domine, les entraîne et les gagne au Gouvernement dont il fait partie.

Le terrorisme continuait à bouillonner autour de l'Hôtel de Ville. La démagogie débordait. La foule se renouvelait sans cesse sur la place. Excitée par des meneurs, elle venait à tout instant assiéger le Gouvernement, pénétrait dans les couloirs avec des vociférations brutales, enfonçait les portes, exigeait, menaçait, s'emportait, et ne s'apaisait que devant l'éloquence ou les promesses de Lamartine, de Crémieux, d'Arago et de leurs collègues. Submergés par une mer vivante, ces hommes jouèrent leur tête à plusieurs reprises pour conjurer les orages qu'ils avaient soulevés. Ils sauvèrent vingt fois la société pendant ces tristes journées, et ils auraient mérité l'illustration de l'histoire et la reconnaissance de la France, s'ils n'avaient pas eux-mêmes été les premiers instigateurs de tant de désordres.

C'est sous la pression de ces masses que, dans une séance de soixante heures, les membres du Gouvernement provisoire rédigent tous les décrets, font toutes les proclamations, prennent toutes les mesures que les circonstances paraissent exiger ou que leurs opinions leur suggèrent.

Leur mission était de consulter le plus tôt possible la Nation, pour connaître la forme de Gouvernement qu'elle voulait adopter.

Le 24 Février, Lamartine et Ledru Rollin avaient

formellement reconnu ce devoir dans la Chambre des députés.

Le lendemain, paraît au Moniteur un décret, rendu *au nom du peuple Français*, par lequel le Gouvernement provisoire proclame hardiment la *République*.

« Le Gouvernement provisoire, est-il dit, veut la République *sauf la ratification par le peuple.* »

« Il veut la Liberté, l'Égalité et la Fraternité pour principes, le *peuple* pour devise et pour mot d'ordre. »

Une dépêche télégraphique annonça, le même jour, aux préfets, « que le Gouvernement républicain était constitué et que la nation allait être appelée à donner sa sanction. »

Lamartine déclarait en même temps que le Gouvernement provisoire ne voulait pas usurper, au nom du peuple de Paris, sur les droits de trente-cinq millions de Français.

« Les hommes sérieux du Gouvernement voulaient que la République fût un droit et non une escroquerie de la force ou de la ruse d'une faction... Ils proposaient la République à la nation sous leur responsabilité et au nom de l'*initiative* que leur dictature momentanée leur donnait[1]. »

Il faut le reconnaître, assiégé par une démagogie armée, privé de troupes, contesté même par une grande partie des combattants de Février, le Gouvernement

[1] Lamartine. *Révolution* de 1848, I, p. 271.

provisoire, eût-il été animé par d'autres sentiments, n'aurait pu se soustraire à cette proclamation de la République. L'usurpation était forcée : elle fut accomplie en tremblant, et l'on stipula soigneusement que les départements, dont on redoutait les dispositions, seraient consultés au plus tôt. C'est la violation de cette promesse, et non la proclamation de la République, que l'on doit reprocher au Gouvernement provisoire.

Dès le 26 février, un document officiel disait nettement :

« La Royauté, sous quelle forme que ce soit, est abolie en France... La République est proclamée. »

Les nouveaux maîtres du pouvoir prononcent la dissolution de la Chambre des députés où ils étaient naguère en minorité. Ils interdisent aux membres de la Chambre des pairs le droit de se réunir. Ils annulent les titres de noblesse, et mettent provisoirement sous le séquestre tous les biens de la Liste civile, même ceux qui composent le patrimoine et la propriété personnelle du Roi et de ses fils.

Des ministres sont nommés. Ledru Rollin s'attribue le département de l'Intérieur, pour dominer et diriger à son gré le mouvement révolutionnaire. Lamartine, dont le nom et le caractère sont une garantie pour l'Europe, garde le portefeuille des Affaires étrangères. François Arago est appelé à la Marine, Subervie à la Guerre, Crémieux à la Justice. On sépare de ce dernier ministère, celui des Cultes, pour le réunir à l'Instruction pu-

.blique entre les mains de Carnot, fils du conventionnel.

Les Finances sont confiées à Michel Goudchaux, banquier à Paris.

Garnier-Pagès reçoit le titre de Maire de Paris ; le général Courtais, celui de commandant de la Garde Nationale et des troupes de la 1re division militaire. Enfin Cavaignac, le fils du conventionnel, alors simple maréchal de camp, est nommé Gouverneur de l'Algérie en remplacement du duc d'Aumale.

Flocon va prendre possession du fort de Vincennes qui avait envoyé sa soumission. Lagrange est nommé gouverneur militaire de l'Hôtel de Ville.

On maintient à Étienne Arago la place de directeur des Postes, dont il était allé s'emparer un pistolet à la main, pendant le tumulte de l'insurrection. On abandonne de même la Préfecture de police à Caussidière, ancien condamné politique, sorti des bureaux de la *Réforme*, où il remplissait un des plus modestes emplois.

Le serment politique est aboli. Lamartine, Crémieux, Arago et la plupart de leurs collègues qui, en qualité de députés, avaient prêté serment de fidélité à Louis-Philippe et à la Charte, s'attribuent le droit assez singulier de délier les consciences. Un décret relève de leur serment tous les fonctionnaires de l'ordre civil, militaire, administratif et judiciaire (25 février).

Dix procureurs généraux sont révoqués. M. Senard, alors simple avocat, est nommé procureur général à Rouen, et Auguste Portalis à Paris.

Le premier acte de ce dernier est de lancer des mandats d'amener contre les ministres de Louis-Philippe, et de présenter à la Cour d'appel un réquisitoire, pour demander leur mise en jugement. Ces conclusions sont adoptées par un arrêt de la Cour rendu le 27 février, sous la présidence de M. Séguier, toutes les chambres étant réunies.

Au même moment, une amnistie générale était accordée pour tous les délits politiques antérieurs à la révolution ; et Ledru Rollin, en prenant possession du ministère de l'Intérieur, s'empressait d'ordonner par le télégraphe, la mise en liberté immédiate de Barbès, de Blanqui et de tous les autres chefs des anciennes insurrections.

Barbès est nommé gouverneur du Luxembourg.

La peine de mort est abolie pour délits politiques.

On décrète la formation d'une garde nationale mobile, composée de vingt-cinq mille hommes, soldés à raison d'un franc cinquante centimes par jour. Les enrôlements commencent, et le général Duvivier reçoit le commandement de ce nouveau corps.

Le Gouvernement provisoire avait eu la main forcée en proclamant la République ; il n'eut pas cette excuse, quand, peu de jours après, il outre-passa encore ses pouvoirs pour décréter l'abolition de l'esclavage.

M. Arago avait déjà déclaré aux délégués des Colonies, que l'on attendrait la réunion d'une Assemblée nationale, avant de prendre une décision aussi grave. Mais, cédant bientôt aux sollicitations du communiste Schœlcher, le ministre lui abandonne nos possessions d'outre-mer, et, par le décret du 4 mars, proclame en principe l'affranchissement des nègres, sans s'arrêter au contre-coup qu'une pareille promesse peut avoir dans la société coloniale. Une commission est nommée sous la présidence de Schœlcher, pour préparer l'exécution immédiate de cette mesure.

C'est au milieu des orages de l'anarchie que ces diverses décisions sont prises. Des députations populaires viennent, à chaque instant, interrompre les délibérations du Gouvernement. Ces vastes réunions d'hommes en blouse couvrent parfois la place tout entière et prennent le caractère d'une véritable insurrection. Telle fut une des premières et des plus formidables visites du peuple des faubourgs, lorsqu'il vint réclamer l'adoption du drapeau rouge.

Les factieux envahissent l'Hôtel de Ville ; leur aspect est menaçant, leur geste énergique, leur parole brusque et impérative.

Lamartine leur répond, dans une brillante improvisation [1], qu'il ne consentira jamais à ce qu'on demande, parce que le drapeau tricolore a fait le tour de l'Europe, à la tête de nos armées victorieuses, tandis que le drapeau rouge n'a fait que le tour du Champ de Mars traîné dans le sang du peuple [2].

---

[1] *Trois mois au Pouvoir*, p. 66.
[2] Le 17 juillet 1791.

La voix éloquente du poëte triomphe des sentiments de cette foule exaltée et repousse les couleurs de l'anarchie.

Il fallut renouveler deux fois, le même jour, cette lutte héroïque d'un seul homme contre toute une armée de terroristes !

Ces actes de courage honoraient M. de Lamartine, et gagnaient au Gouvernement provisoire de nombreux partisans. On ignorait que certains de ses membres avaient eux-mêmes réclamé le drapeau rouge [1] !

Différentes corporations se présentent et renouvellent sans cesse la foule. Animées des sentiments d'un républicanisme honnête, elles viennent tour à tour faire acte d'adhésion au Gouvernement provisoire, porter à la République une modeste offrande ou solliciter les mesures qui leur paraissent avantageuses.

Les ouvriers de Paris étaient surtout imprégnés des idées socialistes. Un grand nombre d'entre eux, partisans des théories prêchées par Louis Blanc, vinrent demander au Gouvernement de créer pour lui un *ministère du progrès*, et de décréter l'Organisation du travail.

Ces prétentions étaient exprimées d'un ton impérieux. Louis Blanc les appuyait dans le conseil: il les avait peut-être même suscitées. Le gouvernement résista. Lamartine déclara avec fermeté aux ouvriers que lui et ses col-

---

[1] Déposition d'Arago, 5 juillet 1848. — Louis Blanc était partisan du drapeau rouge. Il soutient son opinion dans son *Appel aux honnêtes gens*, p. 9 et 10.

lègues ne feraient jamais de promesses impossibles à réaliser.

Cependant, il fallait donner une satisfaction au socialisme ; car le socialisme était devenu une puissance, depuis que Paris était entre les mains des classes ouvrières. On accorda qu'une commission spéciale serait nommée pour traiter toutes les questions qui intéressent les travailleurs, et pour étudier le grand problème de l'Organisation du travail.

Cette commission est, en effet, formée. Les différents corps d'état choisissent des délégués qui se réunissent sous la présidence de Louis Blanc et d'Albert. Le palais du Luxembourg est mis à leur disposition, et ils commencent bientôt leurs séances sur les bancs naguère occupés par les Pairs de France (1er mars).

On eut longtemps des inquiétudes sur le sort de la famille royale. Le Gouvernement provisoire, qui tremblait que le Roi ou ses fils ne tombassent entre ses mains, avait mis trois cent mille francs à la disposition de M. de Lamartine pour protéger la fuite des exilés ; mais le ministre ne put découvrir leurs traces, et ces princes infortunés, s'ils en éprouvèrent plus de terreur et d'embarras, eurent du moins la consolation d'échapper à la protection de leurs ennemis.

Le Roi, arrivé à Dreux, résolut d'y attendre la notification officielle de l'avénement de son petit-fils ; il y apprit, au contraire, la proclamation de la République. Aussitôt, la famille royale se disperse. Louis-Philippe et la Reine se rendent sur le cap de Honfleur, où ils restent plusieurs jours cachés chez M. de Perthuis. Le Roi, retenu par la tempête et cherchant un moyen de traverser la Manche, erra quelque temps déguisé sur les côtes de son ancien royaume. Enfin, le 2 mars, il s'embarqua sur un bateau à vapeur qui faisait le trajet de Rouen au Havre, et qui dans ce dernier port trouva, la nuit, un steamer prêt à partir pour Southampton. Le Roi parvint ainsi en Angleterre où il alla s'établir à Claremont, dans une propriété appartenant à son gendre le roi des Belges. Louis-Philippe n'avait alors pour toute ressource que deux cent mille francs laissés depuis trente ans chez le banquier Couts [1].

Le 24 février, sur la place de la Concorde, Crémieux avait si précipitamment fermé la voiture du Roi, que la princesse Clémentine, duchesse de Saxe-Cobourg, était restée oubliée dans la foule. Elle rencontra heureusement la duchesse de Montpensier et M. Jules de Lasteyrie, qui arrivaient aussi trop tard pour suivre le Roi. M. de Lasteyrie conduisit les deux princesses chez sa mère.

La princesse Clémentine alla rejoindre le Roi à Trianon. La duchesse de Montpensier se rendit à Eu, accompagnée du général Thierry. De là, elle partit pour Bruxelles avec MM. Thierry et Estancelin. Son mari vint

---

[1] Liadières, 1848 et 1830, p. 90. — Vavin, Lettre au *Journal des Débats*, Octobre 1849.

l'y trouver et la conduisit en Espagne où ils s'établirent.

La duchesse d'Orléans, en quittant les Invalides, où elle avait d'abord voulu attendre les événements, se réfugia au château de Ligny près Paris, chez M. de Montesquiou. Puis, quand tout espoir fut perdu, elle partit pour l'Allemagne avec M. de Mornay; elle se retira à Ems, auprès de sa mère, et de là à Eisenach, dans les États de son oncle, le duc de Saxe-Weimar.

M. Guizot resta caché sept jours à Paris chez madame de Mirbel. Il se rendit alors en Angleterre, où il retrouva MM. Duchâtel et de Montebello.

Louis-Philippe ne fit aucune tentative pour défendre ou pour recouvrer cette couronne, qu'il n'avait acceptée en 1830 qu'au milieu des sanglots et des larmes [1]. Ses fils, le duc d'Aumale et le prince de Joinville, très-populaires tous les deux, et dont le second avait été éloigné de Paris par suite de son opposition à la politique de M. Guizot, proclamèrent eux-mêmes la République à Alger, où ils commandaient à quatre-vingt mille hommes, et se retirèrent en protestant de leur dévouement à la France.

Ainsi tomba la dynastie d'Orléans. La sagesse que l'Europe reconnaissait à Louis-Philippe, les efforts constants faits par ce prince pour assurer l'hérédité de sa couronne, le courage de ses fils, le nombre de ses petits-fils, les vertus privées de sa famille, la présence à Paris

[1] 1848 *et* 1850, p. 93.

du maréchal Bugeaud, la majorité parlementaire, quatre-vingt mille hommes dans la capitale, autant en Algérie, tout fut inutile pour prévoir, pour conjurer, pour retarder la perte de la monarchie et de la constitution. Personne ne s'était attendu à une révolution aussi prompte et aussi complète. Paris même en fut surpris.

IV

Situation.

La nouvelle des événements de Février causa dans les départements un étonnement qui ne fut pas sans terreur. Les dépêches dénuées de détails, les événements dénaturés ou mal compris, mille bruits exagérés, le mot de République enfin et les tristes souvenirs qu'il rappelait à la France, toutes ces craintes, toutes ces incertitudes, toutes ces nouvelles plongèrent d'abord les esprits dans de douloureuses émotions. On se sentait emporté par une tempête violente vers des régions inconnues; on ne savait où rattacher ses espérances.

On s'empressa partout de prendre des mesures pour maintenir l'ordre et faire respecter la propriété. Les gardes nationales étaient depuis longtemps désorganisées. Les citoyens comprirent la nécessité de reconstituer cette puissante institution. Dans toutes les villes, ils courent à la mairie, demandent et obtiennent des armes, se forment spontanément en patrouilles, et impo-

sent aux perturbateurs par une prompte et grande manifestation.

Mais personne ne songea à résister au nouveau Gouvernement. La crainte des discordes civiles, le peu d'attachement des Français à la constitution, leur indifférence
pour la royauté, la division des esprits et l'affaiblissement de la foi politique empêchaient toute opposition.

Par une conséquence des excès de la centralisation
administrative et politique, il n'y avait dans les départements aucun centre d'autorité qui pût organiser une
résistance légale ou faire entendre les vœux des populations. L'opinion publique, cette grande puissance
du siècle, était faite à Paris, par les journaux de
Paris, et la province n'y participait en rien. Paris était
devenu le maître des destinées de la France. Sa voix
était considérée comme la voix de la France même,
la volonté de ses faubourgs était respectée comme
celle du peuple français, dont ils usurpaient le titre.

On avait habilement répandu l'idée que la monarchie était devenue impossible en France. On sentait,
à l'exaltation de Paris et à la faiblesse des convictions
individuelles, que si l'on ne soutenait pas énergiquement le nouveau pouvoir, on allait renverser la dernière barrière qui nous séparait de l'anarchie. Arago
avait dit : « Après le Gouvernement provisoire, il n'y
a plus que le chaos. » Tous les gens de bien le comprirent et ils se soumirent sans arrière-pensée aux faits accomplis.

D'ailleurs les premières mesures du Gouvernement provisoire étaient empreintes du désir de la conciliation. Il cherchait à ramener à lui tous les partis.

Tandis qu'il prodiguait la flatterie aux ouvriers de Paris, qu'il leur donnait le titre de peuple héroïque, qu'il leur abandonnait le million échu de la liste civile et qu'il faisait des Tuileries un hospice pour leurs vieillards, — il s'efforçait de rassurer les classes propriétaires, effrayées par le nom de Ledru Rollin et par les doctrines de Louis Blanc ; il repoussait le drapeau rouge, il garantissait la dette publique, il confiait les finances à un banquier honorable, et annonçait la prochaine convocation d'une Assemblée représentative où les volontés de la nation pourraient se manifester.

On accepta donc la forme républicaine, afin d'ôter tout prétexte à la guerre civile, et l'on se prépara à organiser l'État sur des bases solides et suivant des principes honnêtes. Chacun dirigea ses efforts, ses désirs, vers le salut de la patrie, et sacrifia au bien public ses convictions politiques. Toutes les classes se rallièrent autour de la nouvelle administration. Toutes les distinctions de parti, toutes les nuances d'opinions s'effacèrent et se confondirent dans une seule pensée. La République ne rencontra aucune opposition ; il n'y eut pas une démonstration en faveur du passé, pas un regret ne s'éleva.

Les principes émis chaque jour par le Gouvernement provisoire ne suffisaient pas pour lui aliéner l'esprit public. On s'en irritait tout bas, mais on comptait sur les élections pour repousser légalement ces doctrines et pour remettre la France dans les voies d'un Gouvernement régulier.

Cette soumission des départements à la volonté de Paris, cet empressement des partisans et des serviteurs de la monarchie à reconnaître le Gouvernement issu des barricades de Février, eut cependant quelque chose de triste et de désolant. On ne put voir sans un certain dégoût les actes publics d'adhésion qui se multipliaient chaque jour et qui émanaient souvent des personnes qui avaient possédé la confiance du Roi déchu et qui avaient été comblées par lui de faveurs, de places et d'honneurs. Les hommes qui aspiraient aux fonctions publiques, ceux qui semblaient redouter une destitution et ceux dont le nom représentait les principes d'ordre et de conservation paraissaient rivaliser d'obéissance et de servilisme.

Ainsi, par conviction, par résignation ou par ambition, tout le monde en France devint républicain ou parut le devenir, et les partis, pour ne pas confondre leurs rangs, durent établir la distinction de républicains *de la veille* et de républicains *du lendemain*.

On s'aperçut plus tard que cette conduite n'était pas, de la part des royalistes, le résultat d'un défaut de convictions ou l'effet d'une basse ambition. Les hommes politiques qui avaient jusque-là participé au Gouvernement de leur pays espéraient, en s'associant ainsi à l'expérience de la République, contenir et diriger le mouvement révolutionnaire.

La royauté de Juillet n'avait plus de racines depuis qu'elle avait perdu le droit d'invoquer le fait accompli. Pour ne pas périr, un Gouvernement doit d'abord ne pas s'abandonner lui-même. Louis-Philippe ne pouvait plus recouvrer une couronne qu'il n'avait pas su défendre contre les démocrates parisiens. La fuite de ce prince avait déconcerté ses plus zélés partisans eux-mêmes ; ils regrettaient le système constitutionnel et la Charte, mais ils préféraient la paix publique à la satisfaction de leurs affections personnelles.

Les légitimistes avaient conservé un attachement religieux pour le Duc de Bordeaux, mais la chute de la dynastie d'Orléans était à leurs yeux une punition du ciel envers des usurpateurs , la République, un gouvernement impraticable et passager, la révolution, un pas vers le rétablissement de la branche aînée des Bourbons. Ils se sentaient trop faibles comme parti et se croyaient trop fondés à compter sur la Providence, pour ne pas s'abandonner aux événements. Ils renoncèrent à une restauration pour le moment impossible et qui pouvait compromettre inutilement leur cause.

Louis Bonaparte, neveu de l'Empereur et héritier du grand nom de Napoléon, était aussi au rang des prétendants. Inconnu à la nation, peu recommandé par les deux tentatives de Strasbourg et de Boulogne, où il avait essayé, avec une poignée d'amis, de détrôner Louis-Philippe et de s'emparer de la France, ce prince, à proprement parler, n'avait pas de parti. Néanmoins, à la nouvelle de la révolution, il quitte Londres, arrive à Boulogne et se rend à Paris. — Lamartine, après un entretien, le décida à retourner en Angleterre, où il alla attendre les destinées.

Les royalistes acceptèrent donc franchement la République, et le nouvel ordre de choses n'eut plus à redouter que les fautes, les rivalités ou les exagérations de principes des communistes et des démocrates, qui restaient maîtres de la situation. Les démocrates voulaient bouleverser les fortunes privées et reconstituer la société au profit de leur ambition personnelle ou en faveur des classes inférieures. Le communisme voulait concentrer la propriété dans la possession d'un seul individu, d'un être abstrait, l'État. Entre ces deux partis, le Gouvernement provisoire était placé comme un terrain neutre, comme un centre de conciliation, jouissant d'une autorité précaire que les factions allaient se disputer.

V

Anarchie.

Le triomphe des idées démocratiques fut suivi de désordres nombreux. Les environs de Paris étaient désolés par l'anarchie. Des bandes de malfaiteurs, répandues dans les campagnes, rançonnaient, pillaient, incendiaient les lieux isolés. Le château de Neuilly est dévasté; celui de Suresnes, appartenant à M. de Rothschild, est livré aux flammes. Les chemins de fer du Nord, de Saint-Germain, de Rouen, sont l'objet de nombreux dégâts; des ponts sont coupés, des rails enlevés, des gares incendiées. Des expéditions armées durent aller réprimer ces brigandages, rétablir la circulation interrompue sur les grandes voies de communication, et protéger les convois nécessaires à l'approvisionnement de Paris [1].

La ville était pleine de désordres. Des hommes inconnus s'étaient d'eux-mêmes constitués les gardiens de l'Hôtel de Ville et des Tuileries. Il fallut de lon-

[1] Décret du 27 février.

gues négociations pour les déterminer à abandonner le palais ; ils y consentirent enfin le 8 mars, et l'on installa les blessés de Février dans la demeure des rois. — Les six cents hommes qui avaient pris possession de l'Hôtel de Ville l'occupaient encore le 23 avril.

Un corps de troupes irrégulières s'était formé le 24 février sous le nom de *Montagnards*. C'étaient les hommes les plus énergiques parmi les sections des sociétés secrètes ; ils avaient pour uniforme la blouse, pour marque de ralliement la ceinture et la cravate rouges. Nous les retrouverons plus tard autour de Caussidière et de Sobrier.

C'était la seule force municipale qui protégeât les personnes et maintînt l'ordre dans les rues de Paris, — tandis que les ouvriers, maîtres de la ville, s'opposaient à la rentrée de la garnison.

La population de Paris contenait alors quinze à vingt mille repris de justice ou forçats libérés, et presque autant de réfugiés étrangers, qui manifestaient dans les pays où ils trouvaient l'hospitalité la même turbulence qui les avait fait expulser de leur patrie ; nous verrons ces démocrates errants jouer un rôle dans les Journées de la nouvelle République.

L'exaltation des esprits après une révolution populaire, les mauvaises passions moins fermement contenues, la corruption des idées et des mœurs toujours excessive dans une grande ville, enfin le manque de travail et la misère, l'inaction forcée résultant pour toutes les industries de la rareté du numéraire, de la stagnation des affaires, et de l'émigration des étrangers qui enrichissaient Paris, toutes ces causes diverses augmentaient le nombre des ennemis de la société et les rendaient redoutables.

Le Gouvernement provisoire remédia à ces dangers, en créant, sous l'inspiration de Lamartine, une garde mobile largement soldée, en éloignant de la capitale tous les ouvriers étrangers, et en fondant pour ceux de Paris des Ateliers nationaux.

Un moment, il parut emporté par le mouvement et sur le point de céder à l'anarchie. L'éloquence de Lamartine parvenait seule à apaiser toutes les violences, à contenir tous les esprits, à dominer toutes les impatiences. Obligé de haranguer à chaque instant de nouvelles députations, ce grand et populaire orateur suffisait à peine à comprimer les fausses tendances et les vœux exagérés de la foule.

« Vingt fois, pendant ces soixante-douze heures, dit-il lui-même en parlant des premiers jours du Gouvernement provisoire, je fus soulevé, entraîné, emporté, aux portes, aux fenêtres, sur le palier des escaliers, dans les cours, sur la place, pour parler à ces hommes d'une autre date qui interprétaient si mal la volonté du peuple, et pour refouler ces signes du terrorisme, qui voulaient déshonorer la République [1]. »

[1] Trois mois au Pouvoir. Lettre aux dix départements, p. 11.

Le Gouvernement, de l'aveu même de Lamartine, n'avait à sa disposition aucune force publique légale, pour maintenir l'ordre et protéger la propriété. « Nous étions obligés, dit-il, d'employer pour nous défendre des forces individuelles, volontaires, illégales; chacun de nous avait son armée d'amis, de clients, comme à Rome dans le temps des guerres civiles [1]. »

« Le Gouvernement, dit Marie, n'avait que la force morale. Le peuple était maître du Gouvernement, plus que le Gouvernement ne l'était de lui. »

Le Ministre des Finances avait voulu conserver l'impôt du timbre sur les journaux, et pour y parvenir avait même diminué cette taxe. Les journalistes qui, dès le 25 février, s'étaient d'eux-mêmes soustraits à cette contribution, réussirent, avec l'appui du club Blanqui, à la faire supprimer.

Toutes les lois répressives de la presse furent abrogées, notamment les lois de Septembre [2], contre lesquelles l'Opposition avait tant déclamé. Aussi, les feuilles politiques se multiplièrent-elles dans une énorme proportion. Délivrés de l'obligation de fournir un cautionnement et certains de l'impunité, les écrivains socialistes et anarchiques répandirent leurs doctrines ou leurs fureurs, sans aucun ménagement. La presse ambulante se

[1] Trois mois au Pouvoir. Lettre aux dix départements, p. 44.

[2] Les lois du 9 septembre 1835. Ministère de MM. de Broglie et Thiers.

développa avec excès, et les journaux à un sou allèrent porter l'agitation jusque sous les couches les plus profondes de la société.

Les clubs se joignirent aux journaux. Il y en eut bientôt dans tous les quartiers, et déjà le 9 avril on en comptait à Paris cent trente-deux. Le maire de Paris, Armand Marrast, avait mis à leur disposition plusieurs monuments publics, des salles d'asile ou de spectacle : « La liberté des clubs, avait dit le Gouvernement Provisoire, est une des plus inviolables conquêtes de la Révolution [1]. »

Celles de ces réunions qui se faisaient surtout remarquer par leur irritation avaient pour présidents, Auguste Blanqui, Barbès, Sobrier, Cahaigne, Raspail, Guinard et le chef des Communistes icariens, Cabet. — Un démagogue plus hardi se hasarda à rouvrir l'ancienne société des Jacobins ; il parut au bureau avec l'écharpe et le bonnet rouges ; mais l'indignation publique l'obligea à se retirer ; et le Gouvernement fit fermer ce club dangereux.

Ce ne fut pas seulement dans les environs de Paris que furent commis des désordres et des dévastations à la suite des événements de Février ; ils s'étendirent dans les départements.

Presque partout, les ouvriers français réclamèrent l'expulsion des ouvriers étrangers, et ils l'obtinrent.

[1] Proclamation du 19 avril 1848.

C'était une mesure contraire aux principes de la Révolution. Le pain n'était pas cher [1]; mais l'ouvrage était rare. Les municipalités et les particuliers s'imposaient partout des taxes pour fournir du travail et des salaires. Il fallait réduire le fardeau de ces contributions volontaires, et, en même temps, éloigner des villes les ouvriers de passage, toujours inconnus et souvent dangereux.

La République fut proclamée à Lyon le 25 février, à huit heures du soir. Quelques heures après, des bandes d'incendiaires allaient mettre le feu aux *Providences* de la Croix-Rousse et du faubourg de Vaise. Par une nuit froide et pluvieuse, les religieuses et les enfants abandonnés étaient chassés des maisons de charité et de travail. Les dévastations durèrent trois jours. Près de deux mille métiers furent brûlés à Lyon et dans les environs; enfin, le bel établissement fondé à Oullens, pour les apprentis, fut livré aux flammes.

Les ouvriers, excités par l'inaction et par le triomphe des idées démocratiques, s'emparent des fortifications de la Croix-Rousse, placées sur les hauteurs, dans une position propre à commander les principaux quartiers de Lyon. Ils démolissent une partie de ces fortifications; le reste demeure sous leur garde. Ils s'emparent aussi des poudres et font planer la terreur sur la ville.

Des troubles éclatent à Lillebonne, à Brionne, à Ber-

---

[1] Le prix moyen de l'hectolitre de blé était alors de 18 fr. 60 c. Il baissa plus tard jusqu'à 15 fr.

nay. A Rouen, ils se prolongent un mois. L'armée même s'agite. A Lyon, à Poitiers, à Dôle, les soldats se soulèvent contre les officiers et réclament la révision du code disciplinaire.

Ainsi, partout en France, les esprits étaient en mouvement. La tranquillité et la paix publique n'étaient maintenues que par le zèle et le dévouement des gardes nationales, dont les cadres avaient été spontanément remplis à la nouvelle des événements de Paris.

La politique du Gouvernement Provisoire à l'égard des départements vint encore augmenter ces désordres.

VI

Le Gouvernement Provisoire. — Les commissaires de Ledru Rollin. — La circulaire du 12 mars. — Ledru Rollin et Lamartine.

Formé au milieu d'une insurrection, le Gouvernement Provisoire se composait, comme nous l'avons vu, des chefs de tous les partis qui avaient contribué à la Révolution. Le Communisme y était représenté par Louis Blanc et Albert ; la République exagérée, par Ledru Rollin et Flocon ; la République modérée, par Armand Marrast, François Arago, Garnier-Pagès et Crémieux. Lamartine, républicain modéré par son caractère, républicain avancé par ses opinions, entraîné parfois jusqu'au socialisme par son imagination, flottait entre tous les partis et contribuait par son éloquence, l'autorité de son nom, et son esprit conciliant, à maintenir l'union parmi ses collègues et à leur assurer la confiance publique.

La diversité même des éléments qui composaient ce gouvernement avait déjà réussi à le faire accepter des différentes factions démocratiques qui agitaient la so-

ciété et se disputaient le pouvoir. La crainte de l'anarchie et de la guerre civile comprimait l'opposition de
tous les autres partis.

Un pareil gouvernement était le seul qui pût se maintenir au milieu de la tempête alors déchaînée sur la
France. Il était excellent comme moyen de transaction,
mais il ne représentait aucun système administratif. Les
membres qui le composaient n'avaient pas d'unité dans
leurs vues. Ces hommes, de doctrines diverses et parfois
opposées, n'avaient entre eux qu'un seul lien : l'espoir
d'obtenir pacifiquement de leurs collègues, pour eux ou
pour leurs idées, l'influence qu'il aurait fallu disputer
les armes à la main.

La sagesse et le patriotisme, d'accord avec le droit,
leur recommandaient de ne rien résoudre, de laisser
entières toutes les questions, de se borner à maintenir
l'ordre et l'équilibre entre les partis, jusqu'au jour de
la réunion d'une Assemblée nationale. Mais ils ne su-
rent pas garder cette neutralité politique. Entraînés par
leurs propres impatiences ou poussés par le prolétariat
parisien, au milieu duquel ils se trouvaient en quelque
façon prisonniers, ils sortirent bientôt du cercle étroit
que la nécessité traçait à leur pouvoir éphémère. Ils
voulurent exercer une souveraineté absolue. Dès ce moment, l'harmonie cessa parmi eux et leurs différends
compromirent la paix publique.

Les départements étaient soumis, mais non satisfaits.
Leur adhésion n'était pas de l'approbation. Ils avaient

vu avec peine l'usurpation commise, au nom de la République, par des hommes qui se donnaient pour les représentants du droit, du bon sens et de la souveraineté populaire. Ils s'inquiétaient avec raison des principes émis par les décrets et les proclamations dont le nouveau pouvoir inondait la France.

Voici en effet les idées au profit desquelles on prétendait avoir proclamé la République, et dont on voulait faire la base de nos nouvelles institutions. C'était le programme du communisme, ou l'ensemble des moyens propres à en préparer le triomphe.

Égalité des droits politiques. — Suffrage universel.

Garde nationale composée de tous les Français.

Éducation gratuite.

Liberté complète de la presse.

Droit absolu de réunion.

Impôt supporté par les hautes classes.

Gouvernement de l'Opinion. — Chambre unique.

Droit au travail, ou obligation de la part de l'État de garantir à tous les ouvriers de l'emploi et des salaires.

Introduction dans les lois des principes de fraternité et de charité, en faisant du trésor public la Providence de toutes les infortunes.

On agitait même vaguement des idées plus fortement empreintes des couleurs socialistes.

Impôt progressif.

Abolition de l'hérédité collatérale.

Magistrature élective.

Exploitation par l'État des grandes entreprises industrielles.

Association de l'ouvrier et du maître ; — des ouvriers entre eux ; — du travail et du capital.

Tels étaient les principes. Ils inspirèrent une répulsion que les actes ne tardèrent pas à accroître.

Ledru Rollin, ministre de l'intérieur, avait envoyé partout des Commissaires pour prendre la place des préfets. Les populations les avaient reçus avec une méfiance d'autant plus vive, que quelques-uns d'entre eux n'avaient pas des antécédents fort honorables. Ces agents s'empressèrent de modifier ou de dissoudre les municipalités et de changer la plupart des maires, en substituant des personnes de leur choix à celles qui avaient été librement élues par les cités. Les ouvriers ne furent pas oubliés dans ces nominations, et ce furent en général les plus exaltés qu'on préféra.

Tout à coup [1] les journaux publient une Circulaire signée par Ledru Rollin et rédigée dans un esprit vraiment despotique. Elle renfermait les instructions adressées par le Ministre à ses délégués dans les départements.

« Vos pouvoirs, leur disait-il, sont *illimités*. Agents d'une autorité révolutionnaire, vous êtes révolutionnaires aussi. La victoire du peuple vous a imposé le mandat de faire proclamer, de consolider son œuvre : — vous êtes investis de sa souveraineté, vous ne relevez que de vos consciences. »

[1] Le 12 mars.

« Il ne faut pas vous faire illusion sur l'état du pays ; les sentiments républicains y doivent être vivement excités. »

Le Ministre mettait la force armée sous les ordres du Commissaire du Gouvernement. Il l'autorisait à suspendre les chefs de corps, il lui reconnaissait le même pouvoir sur les magistrats inamovibles et lui recommandait « d'exiger des parquets un concours dévoué. »

Mais, ce qu'il y avait de plus choquant, c'était de voir le chef d'un parti qui avait si longtemps déclamé contre la corruption électorale et l'abus des influences, s'adresser ouvertement à ses agents, comme s'ils étaient les maîtres du scrutin, pour obtenir des représentants à sa guise.

« Les élections, ajoutait Ledru Rollin, sont votre grande œuvre. — Il faut que l'Assemblée soit animée de l'esprit révolutionnaire. — Que votre mot d'ordre soit partout : des hommes nouveaux et autant que possible sortant du peuple. — L'éducation du pays n'est pas faite ; c'est à vous de le guider. — Examinez sévèrement les titres des candidats. — Que le jour de l'élection soit le triomphe de la Révolution. »

La *Réforme*, journal du Ministre, complétait ce langage par la menace : « La Révolution, disait-elle, la Révolution qui porte la paix et l'égalité, porte aussi la guerre et toutes ses torches, et toutes ses vengeances. »

La Circulaire de Ledru Rollin eut un grand retentissement. Les départements, indignés de la politique de compression que ce document inaugurait, firent un retour sur les événements qui s'étaient récemment accomplis. Ils rougirent de l'influence exagérée que Paris avait depuis soixante ans exercée sur leurs destinées [1]. Ils frémirent de se voir enchaînés au sort d'une Capitale qui tremblait elle-même devant ses faubourgs. Un cri s'éleva contre les excès de la centralisation, qui, d'un geste du télégraphe, bouleversait l'avenir des provinces et mettait leur prospérité à la merci des moindres mouvements de l'anarchie parisienne.

Les tendances despotiques du Gouvernement venaient de faire éclater le premier symptôme du réveil des départements à la vie politique.

Une juste indignation se répand partout. Des magistrats, des militaires envoient leur démission. Les journaux protestent, et dans toutes les assemblées électorales, on exige des candidats un blâme public de la Circulaire. — M. de Lamartine lui-même la désavoue en présence d'une députation.

« Le Gouvernement Provisoire, dit-il, n'a chargé personne de parler en son nom à la nation, et surtout de parler un langage supérieur aux lois [2]. »

[1] Voici l'opinion de Barbès sur Paris : « Paris qui a fait le 14 juillet 1789, Paris qui a fait le 28 juillet 1830, Paris qui a fait le 24 février 1848, Paris qui chasse les rois ! Paris, la ville par excellence ! la ville de la Démocratie !... C'est sur elle que nous comptons pour faire accepter ou pour imposer l'égalité à ceux qui ne la veulent pas. » (Haute Cour de justice, séant à Bourges, audience du 15 mars 1849.)

[2] Discours au club Républicain pour la liberté des élections. — Trois mois au Pouvoir, p. 108.

Enfin la réprobation publique fut si vive qu'un manifeste électoral [1], signé de tous les membres du Gouvernement Provisoire, dut modifier et adoucir les termes
de la circulaire de Ledru Rollin. Ce programme avait
été rédigé par Lamartine et proposé par lui à ses collègues. « Il rassura les esprits, dit cet historien, mais il
parut néanmoins ce qu'il était : l'indice mal effacé d'une
lutte intestine dans la conscience même du Gouvernement [2]. »

Dès lors, deux partis se dessinent dans le Conseil. Lamartine et Ledru Rollin deviennent pour la France les
représentants de deux principes opposés. Tandis que
tous les gens sages et modérés se groupent autour du
premier, le second est partout considéré comme un démagogue exalté.

Une formidable opposition se dresse contre le Gouvernement Provisoire. M. de Girardin en donne le signal.
Les écrivains de la presse départementale y répondent
avec joie, et rivalisent de courage, d'énergie et de per-
sévérance avec le journaliste parisien.

Du reste, la situation de Paris semblait faite pour justifier les craintes de la France. La République avait
déjà sa première journée de désordre.

[1] Lamartine. Révol. de 1848. II, p. 195.
[2] *Ibid.* p. 201.

VII

Journée du 17 Mars.

La politique du Gouvernement n'était pas l'objet d'attaques moins vives de la part des radicaux à Paris, que de celle de la majorité modérée, dans les départements. Les démagogues parisiens commençaient à se plaindre d'une réaction. La Révolution ne leur paraissait pas poussée assez loin. Ils blâmaient le Gouvernement Provisoire de n'avoir pas changé en entier l'ancienne magistrature et d'envoyer dans les départements des hommes trop modérés. Ils demandaient surtout l'ajournement au 31 mai des élections, déjà fixées au 9 avril, voulant par là laisser le temps aux journaux anarchiques de répandre les mauvaises doctrines et de gagner au socialisme les classes nombreuses, maintenant en possession du suffrage universel.

La France, au contraire, attendait impatiemment le jour des élections. — Fatiguée par la crise commerciale, inquiète de la situation de Paris qui pouvait d'un moment à l'autre tomber aux mains des terroristes, redoutant les tentatives de corruption que le gouvernement semblait décidé à exercer sur l'esprit public, elle désirait ardemment que l'Assemblée nationale, sur laquelle on comptait pour rétablir l'ordre dans le pays et la confiance dans les transactions, fût nommée avant que la presse et les clubs eussent complétement désorganisé la société.

Les démagogues, après plusieurs tentatives inutiles auprès du Gouvernement, résolurent d'employer l'intimidation pour faire adopter leurs demandes par la majorité du Conseil. Ils préparèrent à cet effet une manifestation populaire qui avait pour but de passer en revue les forces de l'anarchie et d'essayer la puissance des clubs sur le Gouvernement.

Précisément alors, eut lieu, dans un esprit opposé, une démonstration de la garde nationale de Paris, qui hâta et parut même avoir suscité celle des sections.

La garnison avait presque en entier évacué la ville à la suite de la Révolution, et le nouveau Gouvernement s'était en vain efforcé de l'y faire rentrer ; il en avait en vain réduit l'effectif de 12 à 4,000 hommes. Les ouvriers refusaient de recevoir les troupes, tandis que la garde nationale, qui ne partageait pas ces soupçons blessants pour l'armée, et qui faisait en entier le service, si pénible alors, de la capitale, réclamait le concours des régiments de ligne.

La garde nationale de Paris avait beaucoup contribué par son inaction au renversement de la monarchie ;

mais c'était un résultat qu'elle n'avait pas désiré. Sortie des rangs de la bourgeoisie, elle voyait avec peine le Gouvernement Provisoire manifester l'intention d'élever les ouvriers au-dessus de la classe qu'elle représentait.

Elle s'indignait surtout des tentatives faites pour désorganiser ses cadres. Un premier décret les ouvrait à tous les Français de 21 ans à 55, sans distinction [1]. Un second cassait ce qu'on appelait les compagnies d'élite.

Le Gouvernement Provisoire voulait, par ces mesures détruire l'esprit de corps, passer sur toutes les têtes le niveau de l'égalité et fondre avec succès l'ancienne garde ou l'élément purement bourgeois dans les nouvelles légions. Les gardes nationaux, unis entre eux par des liens de fraternité, se voyaient avec peine dispersés et forcés de quitter leurs chefs et leurs camarades pour rentrer dans les compagnies de leurs quartiers respectifs. Ils résolurent de témoigner leur mécontentement et de protester publiquement contre les mesures dont ils étaient l'objet. Trente mille d'entre eux se réunirent sans armes, le 16 mars, et se dirigèrent vers l'Hôtel de Ville. Le général Courtais, à cheval et le sabre à la main, se présente à eux, sur la place du Châtelet. Il leur adresse les reproches les plus vifs et leur ordonne de se retirer. « Vous êtes des émeutiers, leur dit-il. » Les cris

---

[1] Du 1er février au 18 mars, l'effectif des légions de la garde nationale de Paris fut porté de 56 mille à 190 mille hommes.

d'*à bas Courtais !* accueillent ces paroles. Le sabre du général lui est arraché.

Mais, aux abords de l'Hôtel de Ville, la colonne est arrêtée par une foule d'ouvriers accourus à la nouvelle du mouvement ; ils refusent le passage aux gardes nationaux, se mêlent à eux et les insultent.

Le Gouvernement, dont presque tous les membres avaient en Février cherché à susciter une pareille manifestation, fut irrité de celle-ci.

Il répondit aux réclamations des gardes nationaux par une proclamation sévère, qui blâmait officiellement leur conduite et qui maintenait les décrets.

Les radicaux tournèrent la démonstration du 16 mars en ridicule. Ils eurent l'air de croire qu'elle avait été uniquement inspirée par le regret de l'abolition du bonnet à poil. Ils prodiguèrent l'injure à la Garde Nationale. Juste récompense de l'appui qu'ils en avaient reçu en Février !

Cependant les démagogues, à l'instigation de Blanqui et de Caussidière [1], emploient la nuit du 16 au 17 mars à organiser la manifestation qu'ils méditaient depuis quelque temps. Le préfet de police, dont on ne soupçonnait pas alors la complicité, envoie secrètement des

---

[1] Caussidière et Blanqui étaient les auteurs de la journée du 17 mars. Le premier avoua sa participation dans la séance du 5 août de l'Assemblée constituante, Blanqui, dans la Réponse qu'il adressa le 12 avril à Taschereau, et devant la Haute Cour de justice, dans le procès du 15 mai (audience du 12 mars 1849).

agents dans les ateliers, tandis que les chefs de clubs convoquent leurs affiliés.

Le 17 au matin, les colonnes populaires partent des Champs-Élysées et vont à l'Hôtel de Ville manifester leur adhésion à la politique de Ledru Rollin et demander l'ajournement des élections. « Une mer vivante ondule au loin sur les places et sur les quais, avec une clameur formidable[1]. »

L'Hôtel de Ville n'avait alors d'autres défenseurs que les hommes du peuple qui s'en étaient constitués les gardiens volontaires, et qu'on n'avait pu encore déterminer à déposer les armes.

Les membres du Gouvernement se montrent plus accessibles qu'ils ne l'avaient été la veille envers la Garde Nationale. Ils reçoivent d'abord les délégués des clubs et des corporations ouvrières. Blanqui prend la parole au nom de cette députation. Il signifie les volontés de la démagogie dans des termes si hardis et si impérieux, il exige avec tant de fermeté une délibération immédiate sur la question des Élections, que Louis Blanc et Ledru Rollin eux-mêmes, effrayés du pouvoir que ce tribun veut s'arroger sur le Gouvernement, sentent la nécessité de résister et parlent en défenseurs de la société. Lamartine, après eux, dans un très-beau discours[2], engage les délégués à ne pas imposer violence aux décisions du Gouvernement, et s'efforce de leur

[1] Blanqui.
[2] Trois mois au Pouvoir, p. 118.

faire comprendre que l'ajournement des Élections serait une violation des droits des départements, impatients de manifester leur opinion.

Ces paroles et surtout l'attitude inattendue des membres les plus avancés du Gouvernement calment l'irritation des délégués. Les clubs se retirent, à demi satisfaits de la promesse d'une prompte délibération du Conseil, et Lamartine, suivi de ses collègues, descend sur la place et se rend au milieu du peuple ; mais les cris de *Vive Ledru Rollin ! vive Louis Blanc!* l'engagent à rester en arrière et à se taire [1].

La foule venait de remporter une victoire morale sur le Gouvernement. La majorité était frappée de terreur. « Cette armée du peuple pesait sur la pensée de tous et disait aux yeux que Paris était désormais à la merci des seuls prolétaires. — Il y avait un abîme d'anarchie et de despotisme éventuel, qu'il paraissait alors impossible de traverser avant d'arriver au jour des Élections. Les hommes les plus sages et les plus consommés en politique étaient incrédules à cet égard [2]. »

Le 18 mars, on affiche une proclamation du Gouvernement qui remercie le peuple de Paris de cette imposante et *pacifique* démonstration, et qui annonce que les élections de la Garde Nationale seront différées jusqu'au 5 avril. Cette pièce est suivie d'un Ordre du jour

---

[1] Lamartine. Rév. de 1848, II, p. 224.
[2] Lamartine. Rév. de 1848, II, p. 225 et 229.

du général Courtais qui contraste avec les termes sévères de celui qu'il adressait là veille aux gardes nationaux.

Dix jours après, les Élections générales pour l'Assemblée Constituante étaient ajournées au 23 avril.

VIII

Situation de Paris. — Caussidière.

Paris offrait l'aspect le plus triste. Le départ des étrangers, les économies forcées que s'imposaient les familles, la stagnation des affaires, la diminution du travail, les incertitudes, les alarmes continuelles avaient arrêté le mouvement et la vie de cette grande cité. Tous les intérêts languissaient. Les manifestations publiques, le langage exalté des journaux et les déclamations des clubs agitaient les esprits, et détruisaient la confiance, dès qu'elle tendait à renaître.

La plantation des arbres de liberté, souvenir emprunté aux journées de notre première Révolution, était une nouvelle cause de désordre et d'inquiétude. Chaque jour et devant tous les monuments, dans tous les quartiers, on se livrait à cette cérémonie patriotique. Le clergé était obligé de joindre ses prières aux hymnes populaires. Des hommes armés s'introduisaient, pour quêter, dans les maisons voisines, des cris étaient poussés, des coups de fusil tirés.

La nuit, des bandes de malfaiteurs, des enfants pour la plupart, réveillaient par leurs clameurs les citoyens, et, en menaçant d'enfoncer les portes, contraignaient à illuminer les fenêtres.

Les locataires exigeaient comme un droit des réductions dans le prix de leur bail, ou refusaient d'acquitter leur loyer. Il fallut rendre un décret pour les obliger à payer.

Dès les premiers jours de la Révolution, le journal *la Presse* s'était montré un des plus violents adversaires du nouveau pouvoir. Il avait réveillé l'esprit d'opposition et donné au journalisme le signal de la résistance. Le peuple de Paris, après des menaces réitérées, obligea M. de Girardin à accorder un mois de trêve au Gouvernement (3 avril).

L'autorité cherchait du reste à contenir cette anarchie qui débordait et menaçait d'engloutir les derniers principes sur lesquels repose la société. Elle interdisait ces manifestations bruyantes qui répandaient partout le trouble et l'inquiétude. Elle décrétait la formation d'une garde urbaine de dix-huit cents hommes, pour remplacer la garde municipale, et créait un corps de gardiens de Paris, chargés de maintenir la tranquillité dans les différentes parties de la ville ; ceux-ci n'avaient point d'armes.

Caussidière paraissait activement seconder le gouvernement dans cette œuvre d'administration intérieure. Son passé, ses relations, n'auraient jamais fait supposer tant d'amour de l'ordre. Il exerçait une autorité complétement indépendante à la Préfecture de police dont il s'était emparé en Février. Il l'occupait avec un corps de *Montagnards*, qui avaient été recrutés, comme nous l'avons vu, parmi les groupes des sociétés secrètes. C'était un homme aussi ferme qu'audacieux, dont la brusque franchise séduisait les esprits les plus méfiants et imposait aux caractères turbulents. M. de Lamartine répondait de lui.

Le peuple de Paris était, de la part du Gouvernement, l'objet d'une constante sollicitude. On lui avait déjà abandonné le million à échoir de la liste civile, en reconnaissant que « ce million lui appartenait. » Ledru Rollin décréta même, aux frais du budget, des représentations théâtrales gratuites, où les ouvriers allaient entendre les chefs-d'œuvre de la scène française, la Marseillaise chantée par mademoiselle Rachel et les prologues dans lesquels George Sand prodiguait la flatterie au peuple.

IX

Décrets du Gouvernement provisoire.

Cependant le Gouvernement, transformant en dictature le pouvoir dont l'avaient revêtu les circonstances, s'empressait de modifier nos lois.

Un décret fait disparaître du Code la contrainte par corps. Un autre modifie la législation sur les faillites, en donnant aux tribunaux de commerce l'autorisation d'accorder un sursis de trois mois contre toutes les poursuites.

Les châtiments corporels sont abolis à bord des vaisseaux de l'État.

Le travail est interdit dans les prisons, à cause de la concurrence qu'il crée à l'industrie privée.

En matière criminelle, la loi sur le jury est changée : on porte de sept à neuf voix, la majorité nécessaire pour prononcer la culpabilité.

L'exposition publique est abolie.

Nous avons déjà fait connaître les décrets sur l'émancipation des esclaves, sur la peine de mort et sur le serment politique.

Enfin, le décret du 2 mars institue sous la présidence de M. Martin (de Strasbourg) une commission chargée de rédiger un projet de réforme de notre organisation judiciaire.

Le Gouvernement avait dit dans un de ses décrets : « que tout système d'impôt ne saurait être décidé par une administration provisoire ; qu'il appartenait aux délégués de la nation tout entière de juger souverainement à cet égard, et que toute autre conduite impliquerait, de la part du Pouvoir, la plus téméraire usurpation. »

En dépit de cette déclaration, la taxe connue sous le nom *d'exercice*, qu'on prélevait sur les boissons débitées à domicile, est abolie [1] : cet impôt était du reste d'un recouvrement vexatoire et paraissait peser entièrement sur les classes pauvres.

Un autre décret déclare que l'impôt sur le sel cessera d'être perçu, à partir du 1er janvier 1849. Cette mesure, si grave par ses conséquences financières, est proclamée à l'insu du ministre des finances, huit mois avant qu'on la mette à exécution, peu de jours avant la réunion d'une Assemblée nationale.

Nous résumerons dans un chapitre spécial les autres mesures que prit le Gouvernement en matière d'impôts.

Les propositions les plus larges étaient adoptées sans

---

[1] Elle avait été réduite à 10 p. 100 en 1830.

discussion : on supprimait les revenus sans s'inquiéter des besoins du trésor [1]. Nos lois, nos institutions étaient à la merci d'un caprice. Chaque jour un nouveau décret proclamait ou repoussait un principe. Tout fléchissait devant l'autorité du Gouvernement Provisoire.

[1] Goudchaux. Déposition du 25 juillet 1848.

X

Les sources du travail étaient presque taries par les souffrances du commerce et par les agitations de la place publique. Sans ouvrage et sans pain, les ouvriers de Paris, au nom et en faveur desquels la Révolution de Février avait, disait-on, été faite, réclamaient l'exécution des promesses dont on avait été prodigue pour les désarmer.

Par sa Circulaire du 25 février, le Gouvernement Provisoire s'était engagé « à garantir l'existence de l'ouvrier par le travail et à garantir du travail à tous les citoyens. »

Le décret du 27 février ordonna la création d'*Ateliers nationaux*.

M. Marie, ministre des Travaux Publics, réunit les Maires de Paris et quelques ingénieurs sous la présidence de Garnier-Pagès. Devant cette commission,

Émile Thomas développa un plan d'organisation. Ses idées furent adoptées [1], et un arrêté de Marie le nomma directeur des Ateliers nationaux (6 mars).

Telle fut l'origine de cette institution qui devait entraîner tant de maux.

Les Ateliers nationaux n'étaient autre chose qu'une immense maison de charité, où l'on entassait et soumettait au même genre de travail des hommes de toute profession. Les ouvriers y étaient embrigadés, pêle-mêle, et on les employait, à raison d'un franc cinquante centimes par jour, à remuer les terres du Champ de Mars.

Émile Thomas fonda bientôt après, dans le sein des Ateliers nationaux, un club qui avait pour mission « de s'occuper des ouvriers sans travail » (2 avril).

Louis Blanc n'avait pas participé à ces créations [2], mais il ne restait pas inactif, et il préparait aussi de son côté des embarras à l'avenir.

Il continuait de siéger au Luxembourg, où le Gouvernement, qui cependant n'ignorait pas les opinions professées dans ses ouvrages, lui avait accordé une tribune pour préparer l'Organisation du travail, réclamée par les socialistes. A la commission de dix membres nommée par les délégués des ouvriers, Louis Blanc avait adjoint une commission de dix membres choisis parmi les chefs d'ateliers, afin, disait-il, de s'éclairer de toutes les lu-

---

[1] Ém. Thomas. Hist. des Ateliers nationaux, p. 47 à 57.
[2] Louis Blanc, *Appel aux honnêtes gens.*

mières de l'expérience et de donner satisfaction à tous les intérêts.

Mais les doctrines purement communistes qu'il exposa au Luxembourg ne tardèrent pas à soulever contre lui le bon sens public et à lui aliéner l'esprit des ouvriers habiles et laborieux. — Voici en effet les idées qu'il voulait faire prévaloir.

« Faire de l'État le banquier des pauvres, centraliser, pour en former le budget des travailleurs, les bénéfices que rapportent à la spéculation privée les chemins de fer, les assurances, la Banque, et y joindre ceux qui résulteraient de la création de colonies agricoles, de l'établissement de vastes entrepôts, de la fondation de nombreux bazars [1]. Employer le budget des travailleurs à commanditer les associations ouvrières instituées d'après le principe d'une fraternelle solidarité, et les mettre en état d'acquérir, en se développant, un capital collectif, inaliénable, et toujours grossissant, seul moyen d'arriver à tuer l'usure, grande ou petite, et de faire que le capital ne fût plus un élément de tyrannie, la possession des instruments de travail un privilége, le bien-être une exception, l'oisiveté un droit [2]. »

Adopter un pareil système, c'était donner un rival inattendu et tout-puissant à l'industrie particulière et au commerce, c'était les menacer, les ruiner au moyen

---

[1] La Révolution de février au Luxembourg.
[2] Appel aux honnêtes gens, p. 36 et 41.

même d'impôts levés sur eux [1] ; c'était écraser les classes riches sous le poids des classes malheureuses et bouleverser la société. Louis Blanc croyait parvenir ainsi au but que se propose le socialisme. Il voulait anéantir l'individu devant l'État, dans l'espoir d'obtenir l'égalité absolue. Mais il ne pouvait en réalité qu'augmenter toutes les souffrances par de vains efforts à réaliser l'impossible.

Le Gouvernement ne partageait pas les vues de Louis Blanc; il rendit cependant deux décrets sous l'inspiration de ce communiste. Le premier réduisait les heures de la journée de travail; l'autre abolissait le *marchandage*, c'est-à-dire, le système des sous-entrepreneurs.

Dans la séance du 20 mars, Louis Blanc compléta ses idées, en proclamant la substitution de l'État aux entrepreneurs particuliers, moyennant indemnité. Il développa une théorie basée sur ce principe que l'ouvrier le plus intelligent n'a pas le plus de droits, mais le plus de devoirs, d'où il concluait à l'égalité des salaires. Le stimulant indispensable de l'intérêt privé devait alors être remplacé par une sorte de point d'honneur chimérique, qui susciterait le zèle de l'ouvrier dans l'usine, comme l'enthousiasme militaire inspire le courage du soldat sur le champ de bataille.

Dès ce moment, Louis Blanc tomba dans le discrédit,

---

[1] Ces expressions sont empruntées à Louis Blanc. *Appel aux honnêtes gens*, p. 36.

et les journaux l'accablèrent sous le poids de leurs plaisanteries.

Cependant ce réformateur ne se bornait pas à créer des illusions et à répandre des idées fausses. Il prêchait aussi les plus funestes doctrines; mais ses discours étaient modifiés avant l'impression au *Moniteur*, et l'on ne connut que plus tard toute la vivacité de ses attaques contre la société [1]. Voici le langage qu'il tenait aux ouvriers :

« Vous êtes les députés du *peuple*, et que l'Assemblée nationale s'installe ou non, cette assemblée-ci ne périra pas. »

« Étant presque enfant, j'ai dit : Cet ordre social est inique ! j'en jure devant Dieu et devant les hommes, si jamais je suis appelé à régler les conditions de cette société, je n'oublierai pas que j'ai été l'un des plus malheureux enfants du peuple, que la société a pesé sur moi. Et j'ai fait contre cet ordre social, qui rend malheureux un si grand nombre de nos frères, le serment d'Annibal [2]. »

« Nous avons aussi notre esclavage en France, et la république ne sera la république, que lorsqu'on aura

---

[1] Rapport de M. Quentin Bauchart lu à l'Assemblée nationale dans la séance du 5 août 1848.—Déposition de Trouvé-Chauvel, du 28 juin 1848.—« J'ai adouci, dit Louis Blanc, quelques expressions échappées à l'ardeur de l'improvisation. » *Appel aux honnêtes gens*, p. 85.

[2] *Ibid.* p. 86.

aura compris que le prolétariat, c'est l'esclavage [1]. »

« On a proclamé le suffrage universel. Peut-on en attendre la libre expression de la volonté du peuple ? Dans la société actuelle ? non ! non ! mille fois non ! [2]. »

« Nous comptons sur vous ; c'est la force que vous nous donnerez qui nous mettra en état de dire à l'Assemblée : Voici les projets de loi que nous vous présentons. Ce n'est pas Albert qui les présente, ce n'est pas Louis Blanc ; c'est le peuple ! Et maintenant qu'il est organisé, rejetez-les, si vous l'osez [3]. »

[1] Louis Blanc. La Révolution de Février au Luxembourg. p. 147
[2] *Ibid.*
[3] Rapport de M. Bauchart.

XI

Finances.

Entraîné par l'exemple des nations voisines et par les exigences du parti libéral, le Gouvernement de Juillet avait commis la faute de trop développer les travaux publics. Les chemins de fer, entrepris sans modération, avaient servi à la fois de texte aux accusations de corruption dirigées contre le Pouvoir, et d'aliment à la passion des constructions qui animait nos hommes d'État. Cette passion pour les travaux publics était un grand vice d'administration. Il avait pour conséquence de déclasser les populations ouvrières en retirant les bras à l'agriculture, et de démoraliser les classes élevées en donnant à l'agiotage une puissante impulsion. Le mal n'était pas moins déplorable sous le rapport des finances. Ces énormes dépenses, bien qu'elles eussent en quelque façon la forme d'avances, avaient eu pour résultat de transformer en capital fixe une partie trop considérable de la fortune nationale. M. Guizot l'avait senti lui-même, le jour où il avait dit à la tribune. « Nous avons fait les *folies* de la paix. »

Le moment était venu où ces sommes immobilisées avec excès, allaient manquer à l'État pour faire face à ses engagements.

La Monarchie laissait une dette flottante considérable. Les fonds reçus aux caisses d'épargne, et qui pouvaient être retirés à volonté par les déposants, avaient été capitalisés en valeurs d'une réalisation difficile et lente.

La première conséquence de la Révolution fut de faire réclamer immédiatement la partie exigible de la dette flottante et les sommes déposées aux caisses d'épargne.

L'incertitude où l'on était de l'avenir avait porté l'inquiétude dans tous les esprits. La menace d'une Révolution sociale s'ajoutait aux agitations d'une Révolution politique. La présence de Louis Blanc au Luxembourg, les doctrines qu'il y professait, les principes qu'il avait récemment exposés dans le premier volume de son Histoire de la Révolution Française et que les décrets du Gouvernement Provisoire reproduisaient aujourd'hui, les promesses imprudentes faites au peuple, et la situation anarchique de Paris, tous ces motifs faisaient redouter un bouleversement prochain dans les fortunes. Ces craintes amenèrent une des crises financières les plus violentes dont l'histoire ait conservé le souvenir.

Une immense panique se répandit sur la France. Le

crédit sembla prêt à s'anéantir. Chacun courut chez les banquiers retirer ses fonds. La foule assiégea les caisses publiques. Toutes les valeurs parurent suspectes. La méfiance s'attacha même aux billets de la Banque et, du 26 février au 4 mars, l'encaisse de Paris tomba de 140 à 70 millions.

Dès son arrivée aux affaires, le Gouvernement Provisoire avait manifesté l'intention de reconnaître et d'acquitter toutes les dettes de l'État. « La République avait-il dit, accepte et veut tenir tous les engagements, rester fidèle à tous les contrats. » Nous allons voir jusqu'à quel point la force des choses et les fautes du pouvoir lui permirent de réaliser cette promesse.

Pour faire face aux exigences de la situation, le nouveau ministre avait trouvé le 25 février, soit au Trésor, soit dans les caisses de la Banque, 135 millions et demi, en argent, et 57 millions d'effets en portefeuille, ensemble 192 millions [1].

Un emprunt de 250 millions avait été conclu le 1er novembre 1847, par M. Dumon, pour rembourser les bons du trésor qui représentaient une partie de la dette flottante.

40 millions avaient été reçus pour les termes échus, 42 millions avaient été versés par anticipation. M. Dumon avait refusé, peu de jours avant la Révolution, d'es-

---

[1] Goudchaux, Assemblée nationale, séance du 10 Octobre 1848.

compter 18 millions de plus, pour ne pas grêver inutilement le Trésor d'intérêts[1].

Il était à craindre que les souscripteurs de cet emprunt ne suspendissent les versements nécessaires à l'amortissement mensuel des bons du trésor.

Les caisses d'épargne étaient assaillies de demandes en remboursement, auxquelles on ne pouvait suffire, et le décret maladroit du 7 mars augmenta l'inquiétude du créancier, en lui offrant, au lieu du capital qu'il réclamait, une élévation d'intérêts[2].

L'argent était fort rare, les affaires nulles, la confiance détruite.

En vain, pour rassurer les esprits et pour jeter quelques millions dans la circulation, l'on avance de plusieurs jours le paiement du semestre de la rente 5 p. 100 et l'on acquite celui de l'emprunt grec ; en vain on fait un appel aux contribuables qui anticipent le réglement de leurs contributions ; en vain MM. de Rothschild promettent de continuer les versements du dernier emprunt, les coffres de l'État se vident plus vite encore qu'ils ne se remplissent.

Les dépenses publiques augmentaient à tout instant. La crise financière, en arrêtant le commerce, avait répandu la gêne dans les familles, restreint la consommation et anéanti le travail. Le Gouvernement venait d'établir des Ateliers nationaux pour occuper les ou-

[1] Vitet. Des finances du Gouvernement de Juillet.
[2] 5 pour cent au lieu de 4.

vriers de Paris. Cette institution devait être aussi funeste au Trésor, que redoutable pour l'ordre public.

Telle était la situation des finances et du crédit le 7 mars, jour fixé pour l'ouverture de la Bourse de Paris.

Ce jour là, une des principales maisons de Banque arrêtait ses paiements, après avoir en vain demandé au Gouvernement une avance de 15 millions, sur des effets publics et des bons du trésor.

Le Moniteur publiait en même temps la démission de M. Goudchaux, ministre des finances, dont la probité était une garantie pour tout le monde.

Sous l'impression de ces événements, le 5 pour cent tombe à 89 fr., et le 3 pour cent à 54 fr. Le lendemain le 5 est à 75 fr., et le 3 à 47.—Les cours du 22 février avaient été 116 fr. 75 c., et 74 fr.

Le 3 mars, M. Goudchaux, ayant eu connaissance des doctrines professées au Luxembourg, avait réuni le Conseil, et déclaré qu'il allait se retirer du Gouvernement, si rien n'était changé dans les vingt-quatre heures. Il avait en effet donné sa démission le lendemain, à minuit, mais elle n'avait été publiée que le 7 [1].

Garnier-Pagès remplaça Goudchaux aux Finances, et Armand Marrast devint Maire de Paris.

Le nouveau ministre fait, le 9 mars, un rapport où il expose la situation du Trésor, et où il réclame plu-

---

[1] Goudchaux, déposition du 25 juillet 1848.

sieurs mesures d'urgence. Faisant trop large la part des fautes du passé, il attribuait à la Monarchie les désordres financiers dont la Révolution était la cause [1], et faisait pour l'avenir des promesses qui ne devaient pas se réaliser.

La dette de la France, déduction faite des rentes de la Caisse d'amortissement, s'élevait en capital, le 1er janvier 1848, à 5 milliards 179 millions, en y comprenant la dette flottante.

Celle-ci était de 670 millions. Garnier–Pagès l'élevait à 872, en ajoutant 202 millions, pour les rentes appartenant à la caisse d'épargne.

Les bons du Trésor, en circulation le 25 février, représentaient 330 millions.

Les caisses d'épargne devaient aux déposants 355 millions, dont 65 seulement avaient été versés par compte courant au Trésor ; le reste consistait en rentes et en actions des trois et quatre canaux, valeurs dépréciées, qu'on ne pouvait réaliser pour le moment sans une énorme perte. De là, la nécessité de restreindre les remboursements.

Ce fut l'objet d'un premier décret. On ne restitua plus que 100 francs par livret ; le solde fut offert aux déposants, en bons du trésor à 4 mois et en rente 5 pour cent, *au pair*.

---

[1] Voir, sur les Finances du Gouvernement provisoire et les embarras auxquels il fallait faire face, le discours prononcé par Garnier–Pagès devant l'Assemblée constituante. Séance du 24 Octobre 1848.

D'autres décrets autorisent le Ministre des Finances à battre monnaie avec l'argenterie trouvée dans les résidences royales, et à aliéner les diamants de la Couronne, les forêts de l'État et les biens de l'ancienne Liste civile. Le domaine privé était, comme nous l'avons vu, placé sous le séquestre provisoire.

L'emprunt de 1847 avait été voté pour une somme de 350 millions. MM. de Rothschild avaient souscrit 250 millions, dont 82 étaient versés. — Garnier-Pagès décide qu'on émettra au pair, en les hypothéquant sur les propriétés de la Liste civile, les 100 autres millions, sous le titre d'*emprunt national*.

Enfin deux décrets sont rendus le 16 mars.

Le premier ajoute, pour l'année 1848, 45 centimes aux quatre contributions directes, portées au budget à 430 millions [1].

Le second proroge de six mois l'échéance des bons du trésor, à moins que les porteurs ne préfèrent accepter en échange un titre de rente 5 pour cent, au pair.—Les bons du trésor se négociaient alors à 28 et 30 pour cent de perte [2].

Le Gouvernement prend en même temps des mesures pour venir en aide au crédit privé, pour soulager le commerce et ranimer le travail.

[1] Ledru Rollin avoua que, dans le sein du Gouvernement provisoire, lorsqu'on discuta l'impôt des 45 centimes, il avait proposé que l'impôt fût de 1 fr. 50 c. et ne frappât que les *riches* (Assemblée nationale, séance du 12 avril 1849).

[2] Bourse du 21 mars.

On crée dans les principales villes des Comptoirs d'escompte pour prendre le papier à deux signatures sur le département. Le capital doit en être fourni un tiers en bons du trésor par l'État, un tiers en obligations par les villes, et un tiers par souscriptions (9 mars).

Les Banques sont dispensées de rembourser leurs billets, dont le cours devient forcé ; l'on autorise la création de coupures de 100 francs. Le décret du 15 mars ordonne que la situation de la Banque de France soit publiée chaque semaine au Moniteur.

L'on ouvre des magasins nationaux, où les marchandises invendues sont reçues sur un récépissé transmissible par voie d'endossement et pouvant servir de gage aux prêteurs.

Enfin, l'on proroge l'échéance de tous les effets de commerce ; on publie un nouveau tarif des protéts et frais de justice ; on suspend la contrainte par corps.

La plupart de ces mesures étaient imposées par la nécessité. Elles eurent peu de succès. Les souscriptions aux comptoirs d'escompte purent à peine s'effectuer. Les diamants et les bois de la Couronne ne trouvèrent pas d'acquéreurs. L'emprunt national échoua. MM. de Rothschild cessèrent les versements de celui qu'ils avaient souscrit, et beaucoup de personnes dans les départements se refusèrent à payer l'impôt des 45 centimes, avant qu'il eût été consenti par une assemblée de députés.

Le Gouvernement manifestait une idée qui, par son

étendue et sa hardiesse, contribua encore à augmenter la panique financière. Tourmenté par la crainte incessante de ne pouvoir faire face aux dépenses journalières et par le désir de donner aux grands travaux publics une impulsion énergique, il voulait opérer le rachat par l'État de tous les chemins de fer. On aurait ensuite livré ces chemins à la Banque en garantie d'une émission considérable de billets qui auraient servi à indemniser les actionnaires dépossédés, et à achever immédiatement les lignes en cours d'exécution. Les revenus des chemins auraient été affectés à l'amortissement des billets créés.

Plusieurs plans furent faits dans ce sens. Le danger de multiplier outre mesure la représentation du numéraire, la crainte de voir déprécier les billets de la Banque, dont le cours était déjà forcé, les inconvénients d'un rachat fait dans un moment de grande baisse, enfin le manque de confiance dans le gouvernement et dans l'avenir, conduisirent l'opinion à s'effrayer de ces vues financières.

La crise continuait. Les transactions étaient suspendues, l'argent rare, le crédit nul, l'escompte impossible. Une foule de maisons arrêtaient leurs paiements. Tout le monde restreignait ses dépenses ; les gens riches envoyaient leur argenterie à la Monnaie. — Les fonds publics baissaient à toutes les bourses.

De maladroites mesures venaient encore diminuer la confiance. Telles furent l'abolition du Conseil de surveillance de la Caisse d'amortissement et de la Caisse des Dépôts et consignations ; — le décret qui ordonna de verser au Trésor les fonds des tontines, au lieu de les employer en achats de rentes ; — enfin le décret du 4 avril qui mit sous le séquestre les chemins de fer d'Orléans et du Centre.

Le lendemain, 5 avril, le 5 pour cent était coté à 50 francs ; le 3 pour cent à 33 fr. Les bons du trésor perdaient 51 pour cent.

L'État avait été obligé d'emprunter 50 millions à la Banque, qui, d'un an, n'exigeait pas d'intérêts. Les contribuables étaient en avance. Mais ces ressources ne suffisaient pas.

On faisait quelques tentatives isolées d'économie. On réorganisait dans les ministères le personnel des bureaux pour diminuer le nombre des employés. On établissait, sur tous les appointements au dessus de 2,000 fr. une retenue progressive, qui allait jusqu'à 30 pour cent sur les traitements supérieurs à 25,000 francs.

Mais l'exagération de la dépense et l'affaiblissement des revenus publics rendaient ces économies illusoires.

Les crédits ouverts du 7 mars au 3 mai par décrets du Gouvernement Provisoire, s'élevaient à 208 millions. Paris soldait déjà, dans les Ateliers nationaux, jusqu'à 70 mille hommes par jour.

Tandis que la dépense augmentait, les impôts indirects offraient un large déficit. Le timbre, l'enregistrement, les droits réunis et la douane avaient produit 14 millions en mars, et en avril 17, de moins que les années précédentes.

Et cependant, sans préoccupation des intérêts du Trésor, le Gouvernement supprimait les impôts et annonçait les réformes financières les plus radicales. La taxe du sel venait d'être abolie en principe.

XII

Politique extérieure. — Administration de Lamartine. — Manifeste du 4 Mars. — Complots révolutionnaires.

Un des premiers actes de M. de Lamartine en prenant possession du Ministère des Affaires étrangères, fut d'adresser le 4 mars un Manifeste aux cabinets de l'Europe [1].

Après s'être efforcé de prouver que la guerre n'était pas le principe de la nouvelle république, comme elle devint « la fatale et glorieuse nécessité » de la République de 1792. — M. de Lamartine ajoutait que son gouvernement ne reculerait devant aucune provocation. « Heureuse la France, disait-il, si on lui déclare la guerre ! si on la contraint ainsi à grandir en force et en gloire, malgré sa modération. »

M. de Lamartine prétendait que les traités de 1815 n'existaient plus en droit. Les circonscriptions territo-

[1] Trois mois au Pouvoir, p. 69.

riales établies par ces traités, étaient un fait à modifier
d'un accord commun, mais que le Gouvernement Provisoire admettait cependant comme base et point de
départ dans ses rapports avec les autres puissances.

Le ministre déclarait que la République ne ferait pas
de propagande sourde ou incendiaire chez ses voisins,
mais que le nouveau gouvernement de la France était
l'allié de tous les peuples :

« Nous le disons hautement, si l'heure de la recon-
struction de quelque nationalité opprimée nous paraissait avoir sonné dans les décrets de la Providence, si les
États indépendants de l'Italie étaient envahis, si l'on imposait des limites ou des obstacles à leur transformation
intérieure, la République se croirait en droit d'armer
elle-même pour protéger ces mouvements légitimes. »

Tel était l'esprit du manifeste rédigé par M. de Lamartine.

Les différents États de l'Europe désiraient le maintien
de la paix. La paix avait presque passé dans les mœurs.
Une guerre eût été un bouleversement général qui aurait entraîné des pertes immenses et des désordres sans
fin chez toutes les puissances. La France surtout, qui
n'avait pas d'institutions fixes, où les factions étaient dé-
chaînées, et dont le Trésor était épuisé par les vastes travaux publics accomplis sous le dernier règne, la France
plus que toute autre nation devait redouter la guerre.

Une cause contribua encore à éloigner toute crainte
de cette nature.

Les événements de Février eurent, dans toute l'Europe, un si violent contre-coup, que tous les trônes furent ébranlés et que l'attention des gouvernements dut se concentrer sur leurs affaires intérieures.

Les démocrates se soulevaient dans le grand-duché de Bade et s'agitaient dans toute l'Allemagne. Le Sleswig voulait se séparer du Danemarck, le duché de Posen de la Prusse, la Hongrie et l'Italie de l'Autriche, la Sicile de Naples. Des insurrections éclataient dans toutes les capitales. Vienne et Berlin tombaient au pouvoir des radicaux, et les princes étaient contraints de faire des concessions au peuple, d'adopter des institutions libérales et de convoquer des États généraux pour rédiger des constitutions.

Tout semblait annoncer qu'un grand travail de décomposition s'opérait en Europe, et que la carte de ces contrées allait être profondément remaniée. Tandis que, sous l'inspiration du roi de Prusse, l'Allemagne se préparait à reconstituer l'unité germanique, l'Italie septentrionale se disposait à proclamer le même principe.

La Lombardie, où le libéralisme était renforcé par le sentiment d'une nationalité à reconquérir, se soulevait et, soutenue par le roi de Sardaigne, Charles-Albert, elle chassait les Autrichiens de Milan et revendiquait son indépendance (23 mars.)

L'Opposition en France avait toujours reproché à M. Guizot d'abandonner les nationalités opprimées. Elle avait énergiquement protesté contre la direction pacifique imprimée par ce ministre aux relations diplomatiques. M. de Lamartine s'était associé à ces attaques. Il avait toujours soutenu que l'intérêt de la France était d'accorder l'appui de ses armes et de son influence à tous les états secondaires de l'Europe et de s'en faire des alliés.

Il eut plus de sagesse au Pouvoir. Il administra pacifiquement et avec assez de prudence pour ne pas compromettre la paix. Il refusa d'intervenir en Italie, en Sicile, en Pologne, partout où les radicaux voulaient l'entraîner. Il adopta la politique de neutralité pratiquée à notre égard par les autres nations.

Ainsi, il fit avertir le Gouvernement belge des complots qui se tramaient contre lui. Il ordonna de dissiper les rassemblements des démocrates allemands qui voulaient aller révolutionner leur patrie. Il refusa même de donner des armes aux Polonais qui étaient venus lui en demander pour seconder l'insurrection de Posen.

Quant à l'Italie, Charles-Albert marchait de succès en succès et refusait lui-même notre concours. « *Italia fara da se* » avait-il dit à nos envoyés. Il sentait en effet qu'une nationalité reconquise avec l'appui de l'étranger ne se conserverait pas long-temps, et il craignait que l'intervention d'une armée française dans ses États, n'y développât les principes républicains.

A la fin du mois d'avril, les Autrichiens n'occupaient plus dans la Lombardie que Peschiera, Mantoue et Vérone.

La France était alors sur un pied de neutralité armée.

On avait créé un Conseil de défense composé des plus habiles généraux, et décrété la formation de quatre corps d'observation : l'un d'eux, l'armée des Alpes, fut organisé et confié au commandement du général Oudinot. On rappela sous les drapeaux tous les militaires en congé, ceux même dont le service allait expirer, afin de porter notre effectif à 500 mille hommes ; enfin un crédit de 80 millions fut ouvert à Arago, ministre de la guerre.

Tandis que M. de Lamartine donnait une direction pacifique à nos relations extérieures, des complots se tramaient en France pour porter chez les peuples voisins la propagande révolutionnaire.

Des bandes insurrectionnelles de Français et d'étrangers s'organisaient dans le but de soulever la Belgique. D'autres se dirigeaient vers la Savoie. D'autres enfin s'armaient et partaient pour appuyer le mouvement des démocrates de la rive droite du Rhin, dans le grand-duché de Bade.

En Belgique, les envahisseurs, dont le départ et les projets étaient connus à l'avance, grâce aux avis donnés par M. de Lamartine, sont arrêtés en descendant des wagons du chemin de fer du Nord. D'autres colonnes, qui venaient de pénétrer sur le territoire belge, enseignes déployées, sont battues et dispersées entre Mouscron et Risquons-tout (29 mars).

En Savoie, les insurgés partis de Lyon sont assez heu-

reux pour se rendre maîtres de Chambéry ; mais les paysans, armés de faux, marchent sur la ville, s'en emparent et rétablissent la domination du roi Charles-Albert.

Enfin, les démocrates allemands sont dispersés par ordre du Gouvernement français ou taillés en pièces par les troupes wurtembergeoises.

Cependant, il parut évident qu'une partie des autorités françaises n'étaient pas étrangères à ces tentatives. Les soupçons s'élevèrent jusqu'à Caussidière et Ledru Rollin. Des enrôlements contre la Belgique s'étaient faits à la Préfecture de police. Un des chefs de l'insurrection belge avait occupé un logement aux Tuileries. On avait payé les frais de voyage de sa troupe [1], et on lui avait délivré, le 27 mars, des armes provenant de la citadelle de Lille. Un camp ayant été formé à Séclin, sur le territoire français, M. Delescluze, commissaire dans le département du Nord, accordait, tous les jours, aux envahisseurs 1800 rations de pain, et 33 centimes par homme ; ce fonctionnaire fournit lui-même un guide à l'expédition [2] ; enfin trois élèves de l'École Polytechnique exerçaient des commandements dans l'affaire de Risquons-tout [3].

[1] 125,000 francs avaient reçu cette destination. Ledru Rollin prétendit que ces fonds avaient servi à fournir des secours de route à des ouvriers étrangers, pour retourner dans leur patrie.

[2] Déposition d'Ad. Chenu, juillet 1848.

[3] Lamartine, Révolution de 1848, II, p. 254.

XIII.

Situation.

Ainsi, malgré l'adoption générale de la République, une profonde inquiétude survivait aux premières terreurs de la révolution et se manifestait par une crise financière des plus violentes et des plus prolongées. Tout était en question. Les partis exaltés commençaient à se dessiner et à se poser en face du Gouvernement. Les journaux se multipliaient, les clubs s'ouvraient, d'anciens souvenirs étaient évoqués, des principes dangereux répandus. Les désordres se perpétuaient à Rouen, à Lyon, à Paris. La division éclatait entre les ouvriers français et les étrangers, entre les ouvriers et les maîtres, entre le peuple de Paris et l'armée, entre les départements et la capitale. Enfin, le Gouvernement provisoire rendait des décrets et manifestait des tendances propres à répandre, à justifier, à accroître toutes les craintes. Il paraissait dominé, entraîné par la pression du peuple de Paris. Il faisait aux ouvriers des promesses impossibles à réaliser. Il portait atteinte au crédit public par des dépenses exorbitantes, et des résolutions imprudentes. Il froissait les sentiments de la France par l'intention hautement annoncée d'influencer les élections. On lui reprochait surtout de ne pas se renfermer dans les mesures réclamées par la nécessité, et de faire, avant même d'avoir consulté la nation, tous ses efforts pour changer l'esprit des institutions de la France.

XIV

**Politique de Ledru Rollin. — Circulaire du
7 avril. — Le bulletin n° 16. — Les Commissaires.**

La politique du Gouvernement provisoire à l'égard
des départements excitait, comme nous l'avons vu,
un vif mécontentement. Plusieurs cités refusèrent de
recevoir les nouveaux délégués envoyés par le Ministre
de l'Intérieur, pour remplacer ou pour surveiller les premiers commissaires. Bordeaux avait repoussé Latrade[1]
qu'on avait voulu substituer à Chevallier. Montauban
avait chassé le communiste Sauriac. Bourg, Beauvais,
Troyes, Valence, imitaient cette conduite.

La ville de Périgueux avait été une des premières
à donner le signal de cette résistance. Elle n'avait pas
voulu accueillir MM. Dulac et Dufraisse, qu'on avait
adjoints à M. Dusolier, commissaire dans la Dordogne.

Une députation, envoyée par le Conseil municipal,
pour demander au Ministre la révocation des nouveaux agents, est reçue fort sévèrement. Ledru Rollin

[1] 20 mars.

répond qu'il soutiendra l'esprit de sa circulaire, qu'il veut la destitution de tous les fonctionnaires de l'ancien régime, que les départements n'ayant fait qu'accepter la République, il fallait les agiter, les révolutionner. Son intention, dit-il, est d'intervenir dans les élections de manière à avoir une Assemblée profondément démocratique, et, s'il faut retarder le jour du scrutin, il le fera en dépit de la *dictature bourgeoise* qui s'est constituée dans le sein du Gouvernement.

Ce rapport [1], lu le 24 mars au Conseil municipal de Périgueux, souleva tous les esprits. Et l'indignation publique fut encore plus grande, quand on apprit, par le décret du 26 mars, que le Gouvernement provisoire, à la demande de Ledru Rollin, venait d'ajourner au 23 avril les élections générales pour l'Assemblée constituante.

Le 7 avril, Ledru Rollin publie une nouvelle Circulaire. Il y proclame les principes suivants, qu'on peut *considérer comme le résumé des mesures propres à préparer l'avénement du socialisme.*

« Abolition de tout privilége ; répartition de l'impôt en raison de la fortune ; un droit proportionnel et progressif sur les successions ; une magistrature librement élue, e le plus complet développement de l'institution du jury ; le service militaire pesant également

---

[1] Ce document est inséré dans le *Courrier de la Gironde* du 29 mars 1848.

sur tous; une éducation gratuite et égale pour tous;
l'instrument du travail assuré à tous; la reconstitution
démocratique de l'industrie et du crédit; l'association
volontaire partout substituée aux impulsions désordon-
nées de l'égoïsme. »

Le Ministre déclarait député *tiède* et *dangereux* qui-
conque ne défendrait pas ces idées de toute son énergie.

Les journaux et les clubs exaltés ne cessaient pas de
propager de semblables doctrines. Ils approuvaient l'intervention du Gouvernement dans les élections, et si-
gnifiaient hautement aux provinces indignées que si elles
envoyaient à Paris des députés modérés, la représentation
serait violée et l'Assemblée nationale jetée dans la Seine.

Ces menaces liberticides sont bientôt confirmées
par une Circulaire émanant du Ministère de l'Intérieur, affichée dans Paris et insérée, le 15 avril, dans
le Bulletin de la République, n° 16. Il y était dit que,
si les élections ne faisaient pas triompher la *vérité sociale*,
il n'y aurait qu'une dernière voie de salut : « Le peuple
qui a fait les barricades devrait manifester une seconde
fois sa volonté et ajourner les décisions d'une *fausse* représentation nationale. »

Le Bulletin exaltait dans des termes irritants l'omnipotence de Paris sur la province.

« Paris se regarde *avec raison* comme le manda-
taire de toute la population du territoire national. Paris
est le poste avancé de l'armée qui combat pour l'idée
républicaine. »

Le jour où parut cette déclaration de guerre, on lisait dans *la Réforme*, organe avoué de Ledru Rollin et de la minorité du conseil :

« Si, avec la proclamation de la République, nous avions annoncé aux départements la révocation de tous les fonctionnaires civils, le renouvellement de tous les parquets ; si nous avions fait payer aux *vaincus* les frais du combat; si nous avions doublé, triplé, décuplé les impositions de tous les fauteurs du dernier régime ; si nous avions nommé des commissions pour faire rendre gorge à tout ce qui avait pris part à la curée des 17 ans ; si nous avions repris le milliard de l'indemnité, partout où nous en aurions retrouvé la trace, personne ne se fût certainement récrié, et *c'eût été justice.* »

Les Bulletins de la République n'étaient pas signés; mais Ledru Rollin, mais aucun de ses collègues, aucun membre du Gouvernement provisoire ne les désavoua.

Plus tard, on en connut les auteurs ; on apprit alors que Jules Favre avait écrit le premier numéro et, qu'en l'absence d'Élias Regnault, qui devait faire le 16ᵉ, Ledru Rollin en avait confié la rédaction à George Sand ; celle-ci avait apporté au Ministère de l'Intérieur trois projets de nuance différente. Ledru Rollin ou Jules Favre avait choisi le plus violent [1].

---

[1] Dépositions de Jules Favre et de Carteret, juillet 1848. Jules Favre attribue le choix au hasard.

Cette politique maintenait un dangereux antagonisme entre la capitale et les départements. Ces derniers s'indignaient de la tyrannie de Paris, des atteintes portées à la liberté des suffrages, des menaces dirigées contre leurs futurs représentants. Les mesures financières que nous avons résumées ailleurs, étaient l'objet d'une vive réprobation. Enfin, l'on voyait avec douleur les commissaires du Gouvernement s'arroger un pouvoir dictatorial et froisser par leurs actes les sentiments des populations. Ils suspendaient les magistrats, dissolvaient les communautés religieuses, imposaient Lyon extraordinairement, et régnaient dans les départements comme autant de proconsuls.

Emmanuel Arago prétendait avoir tout pouvoir, même celui de raser Lyon [1]. Il triplait la contribution des 45 centimes. Il changeait de son autorité privée la destination d'une somme de 500,000 francs envoyée pour le comptoir d'escompte, et, quand on lui demandait l'emploi qu'il en avait fait, il refusait dédaigneusement de répondre [2].

Les commissaires étaient, du reste, choisis au hasard, sans aucun discernement [3], on prenait les premiers venus; une condamnation politique, une adhésion manifeste aux doctrines socialistes, ou une conduite

---

[1] Déposition de Jules Favre.

[2] Arago avait employé cet argent à payer les ouvriers des ateliers nationaux.

[3] Déposition de Jules Favre.

courageuse sur les barricades de Février étaient des titres excellents pour obtenir un département.

On découvrit plus tard, que parmi ces agents revêtus par Ledru Rollin d'un pouvoir illimité, se trouvaient non-seulement des hommes tarés, mais des criminels. L'un d'eux fut bientôt après condamné aux travaux forcés comme assassin. Un autre, commissaire extraordinaire dans deux départements, n'était qu'un ancien réclusionnaire en rupture de ban.

XV.

La Journée du 16 Avril.

La position du Gouvernement provisoire devenait de plus en plus difficile. La manifestation du 17 mars, en donnant un appui imposant à la minorité, avait accru la violence des divisions intérieures du conseil. Les délibérations étaient parfois pénibles. On allait jusqu'à se défier, à se menacer même de coups de fusil [1]; et les différents membres, qui avaient chacun leur police, en étaient réduits à espionner leurs collègues.

Tandis que la désunion éclatait entre Lamartine et Ledru Rollin, tandis que la France se divisait en deux camps, les ennemis de l'ordre et de la société devenaient plus audacieux et profitaient, pour propager leurs doctrines, ou pour agiter les esprits, d'une liberté de la presse sans limites et d'un droit absolu de réunion. Les clubs et les journaux radicaux prenaient le langage le plus violent. Paris était sans garnison, on

[1] Déposition de F. Arago, 5 juillet 1848.

peut dire, sans police; car la police régulière dépendait de Caussidière, dont les sentiments socialistes étaient connus de tout le monde. Le Ministre de l'Intérieur n'é- tait pas lui-même à l'abri des soupçons. On prétendait qu'il partageait les opinions et les projets de Raspail, de Blanqui, de Sobrier, chefs du parti démagogique.

On venait de publier sur les sociétés secrètes, une note [1] rédigée, disait-on, d'après les révélations faites autrefois au Ministre de l'Intérieur, par Auguste Blanqui, pendant un procès politique devant la Cour des pairs. Barbès assurait qu'il n'y avait que lui, ou Blanqui qui ait pu communiquer de tels renseignements. Le soupçon de trahison était peu vraisemblable de la part de Blanqui; il avait suffi néanmoins pour le faire chasser du club qu'il présidait. Cet homme, violent et aigri par une longue captivité, avait répondu à ces accusations par un pamphlet énergique (12 avril).

Cette réponse vigoureuse s'adressait plutôt encore au Gouvernement provisoire qu'à Taschereau. Blanqui se représentait comme une victime de la réaction, et tra- çait un sombre tableau des persécutions dirigées contre lui. Il accusait violemment les membres modérés du Gouvernement d'avoir supposé le document révélateur pour le perdre et se soustraire à la domination qu'il exerçait sur eux.

« Quel est mon crime? disait-il : — D'avoir fait face

---

[1] Taschereau, *Revue rétrospective*, 31 mars 1848.

à la contre-révolution, d'avoir démasqué ses plans depuis six semaines, de montrer au peuple le danger qui
grandit autour de lui et qui l'engloutira. »

A la suite de cette publication, Blanqui avait été re-
conduit en triomphe dans son club, qui dès lors était
devenu plus que jamais un centre d'anarchie. Le bruit
courait que Cabet et Raspail conspiraient pour renverser
le gouvernement et se substituer à la partie modérée du
ministère. On disait même que Flocon, Louis Blanc,
Albert étaient complices. Enfin, un journal, *l'Assemblée nationale*, affirmait hautement que Sobrier, rédacteur de la *Commune de Paris*, avait fondé, rue de Rivoli
n° 16, une espèce de Comité de salut public. Ces soupçons semblaient confirmés par le langage violent de la
Réforme et de la *Commune de Paris*.

Tandis que Blanqui dénonçait le Gouvernement à la
démagogie, comme traître envers la République, et que
le bulletin n° 16 préparait le peuple des barricades à
manifester une fois de plus sa volonté, *la Réforme*, le
journal de Ledru Rollin, s'exprimait ainsi : « La contre-
révolution est à nos portes. C'est parce que nous n'osons
rien que nos ennemis osent tout.»

Ces excitations ne pouvaient rester sans effet. Ces
rumeurs n'étaient pas sans fondement.

Un complot existait, et le 16 avril, le lendemain
même du jour où avait paru le bulletin n° 16, un mouvement eut lieu pour renverser la partie modérée du
Gouvernement.

Dans la nuit qui précéda cette tentative, M. de Lamartine est instruit par ses agents, des projets de la démagogie. Les rapports de police annoncent qu'on veut désorganiser le Gouvernement, en exclure Lamartine, Garnier-Pagès, Arago, Crémieux, et constituer un Comité de salut public, dont Ledru Rollin doit lui-même faire partie. Ce dernier se présente bientôt et confirme ces nouvelles, mais en protestant contre la complicité dont on l'accuse, et en déclarant qu'il ne trahira jamais ses collègues.

« Ministre de l'Intérieur ! lui répond Lamartine, vous avez le droit de faire battre le rappel : si par hasard il y a une garde nationale dans Paris, nous sommes sauvés [1]. » L'ordre est donné aussitôt, mais mal exécuté.

Lamartine monte à cheval ; et en se concertant avec le général Changarnier, qu'il avait nommé, la veille, ambassadeur à Berlin, il prend toutes les dispositions nécessaires pour la défense de l'Hôtel de Ville. Quatre bataillons de la garde mobile sont appelés à ce poste important, et Changarnier s'en réserve le commandement.

Cependant, convoquée par Louis Blanc, sous prétexte de faire une élection préparatoire d'hommes du peuple qu'on voulait élever au grade de capitaines de l'état-major, une foule nombreuse d'ouvriers se réunissait à l'Hippodrome. Des fauteurs de désordre se mêlent à eux et les entraînent vers l'Hôtel de Ville.

[1] Lamartine, Déposition du 5 juillet 1848. — Trois mois au Pouvoir, p. 24 et suivantes.

Le bonnet rouge reparaît comme au 17 mars [1].

Le rappel venait enfin d'être battu , grâce à l'activité de Changarnier et de Marrast, qui en avaient renouvelé l'ordre. Une immense quantité de gardes nationaux accouraient de toutes parts. Les agitateurs trouvent la place de l'Hôtel de Ville hérissée d'une forêt de baïonnettes. Cette attitude imposante les arrête, les déconcerte. Ils se retirent, et le Gouvernement provisoire est reçu au milieu des acclamations, et au cri de : *A bas les communistes ! mort à Cabet ! mort à Blanqui !*

Lamartine prit plus de trente fois [2] la parole ce jour-là, pour haranguer le peuple, les ouvriers du Champ de Mars ou les gardes nationaux. Il déclare à tous, qu'on a cherché à mettre la désunion parmi les membres du Gouvernement, mais que le plus grand accord règne parmi eux.

Les départements blâmèrent Lamartine de n'avoir pas profité de la victoire, pour chasser du Gouvernement provisoire, les membres qui avaient voulu décimer leurs collègues. On eût voulu surtout l'expulsion de Louis Blanc et d'Albert, qui protestaient contre la conduite de Changarnier et de Marrast, et qui leur reprochaient d'avoir fait battre le rappel [3].

Lamartine était alors au plus haut degré de la popu-

---

[1] Lamartine, Révolution de 1848. II, p. 328.
[2] *Ibid.*, p. 327.
[3] *Ibid.*, p. 331.

larité, non-seulement dans les départements, où il personnifiait le parti de l'ordre et de la société, mais même à Paris, où son nom servait de drapeau à tous les hommes modérés et à tous les ennemis du communisme.

Les détails du complot et la part que Ledru Rollin y avait prise, ne furent connus que plus tard. On apprit alors que, peu de jours avant le 16 avril, une réunion avait eu lieu chez Sobrier, où l'on s'était occupé de la formation d'un Comité de salut public. Suivant le témoignage d'Armand Marrast lui-même [1], les noms furent discutés le soir chez Ledru Rollin.

La liste formée chez Sobrier mentionnait Raspail, Blanqui, Kersausie, Cabet, Ledru Rollin et Flocon. On avait eu beaucoup de peine à mettre d'accord Ledru Rollin et Blanqui [2], et c'est peut-être cette mésintelligence entre les chefs de la démagogie qui avait fait renoncer Ledru Rollin à l'entreprise méditée.

Telle fut la journée du 16 avril, où Changarnier, Lamartine, et Marrast, sauvèrent la société. Elle eut en réalité une grande importance; car ce fut contre le communisme qui l'avait préparée, une manifestation irrésistible. Elle donna à la majorité modérée du Gouvernement une force qui lui permit de lutter avec avantage contre la minorité et contre les factions. Elle fut aussi

---

[1] Déposition du 8 juillet 1848.

[2] Blanqui et Ledru Rollin refusaient de marcher d'accord. Sobrier dit alors à Ledru Rollin : « Si vous ne voulez pas marcher avec nous, vous serez jeté par la fenêtre, dimanche, avec les autres. » Marrast, Déposition du 8 juillet 1848.

le signal de la rentrée des troupes dans Paris.

Le 20 avril, toutes les gardes nationales de la capitale et de la banlieue vinrent, au pied de l'Arc de Triomphe de l'Étoile, défiler devant le Gouvernement provisoire qui leur distribua des drapeaux.

L'armée entremêla ses bataillons à ceux de la garde nationale ; ce fut une des plus vastes et des plus belles revues qui aient jamais été faites : 350 mille hommes passèrent devant le Gouvernement au cri de : « *Vive Lamartine! vive la République!* » La journée tout entière ne suffit pas au défilé ; il se continua aux flambeaux, et encore, deux légions durent-elles attendre au lendemain.

Quinze mille hommes de troupes restèrent à Paris.

XVI.

Nouveaux décrets. — Corruption électorale.

Les décrets du Gouvernement provisoire contre-balancèrent le bon effet produit par la journée du 16 avril. La France, mal instruite de ce qui s'était passé, supposa que des concessions avaient été faites au parti démagogique.

Crémieux, qui jusqu'alors avait résisté aux sollicitations de Ledru Rollin, lui sacrifie une des plus puissantes garanties sociales, l'inamovibilité des magistrats, et le décret du 20 avril déclare ce grand principe *incompatible avec la République*. Le Président de la Cour des Comptes, et plusieurs présidents de Cours d'Appel sont suspendus.

Un décret avait supprimé le cadre de réserve de l'état-major général des armées de terre et de mer, (11 avril). Les vieux militaires, qui avaient consacré leur vie à la défense de la patrie, sont impitoyablement mis à la retraite.

D'autres mesures ont pour objet d'influencer les élections prochaines. De nombreuses promotions ont lieu dans l'armée ; les juges de paix, chargés par la loi de présider les colléges électoraux, sont destitués ; et, le 19 avril, quatre jours avant l'ouverture des Comices, paraît une suite de décrets destinés à agir sur l'esprit des classes nombreuses.

Les droits d'octroi sont supprimés ou modifiés, et remplacés par des taxes progressives sur les loyers, sur les voitures de luxe, les domestiques mâles et les chiens, et par un droit d'un pour cent sur le capital, souvent improductif, et quelquefois illusoire des hypothèques.

L'impôt progressif est proclamé en principe.

Toutes ces mesures ne furent pas mises à exécution. Le Gouvernement craignait par les unes, de diminuer les recettes, et par les autres, de mécontenter des classes entières d'électeurs. Les particuliers attendaient, pour payer les nouveaux impôts, que l'Assemblée nationale les eût sanctionnés. Ces décrets ne furent donc que des promesses pour gagner le peuple ; mais l'annonce d'un impôt progressif plana comme une menace et nuisit au rétablissement de la confiance.

Les décrets ne furent pas, du reste, les seuls moyens employés pour préparer des élections favorables à la République. La partie radicale du Gouvernement mettait en œuvre tous les ressorts d'une corruption active. A l'intimidation tentée par les circulaires, on substituait l'intrigue.

L'opposition des clubs à la rentrée des troupes dans Paris avait seule empêché Ledru-Rollin de mettre à exécution le projet qu'il avait formé de faire successivement séjourner chaque régiment dans la capitale « afin que l'armée fût plus sûrement *démocratisée* pour l'époque des élections [1]. » Des sous-officiers, porteurs de permissions obtenues sur la demande du ministre, furent envoyés par le club Central dans les régiments, pour fonder des clubs dans les casernes et faire destituer les officiers qui ne seraient pas suffisamment républicains. Le 7 avril, trente-trois corps étaient déjà en état d'insubordination, et ce ne fut qu'à la fermeté de MM. F. Arago et Charras qu'on dut le maintien de la discipline dans l'armée [2].

Carnot avait adressé aux trente-six mille instituteurs primaires une circulaire pour les exhorter à employer leur influence sur les électeurs des campagnes. Il y tenait un langage bien singulier pour un Ministre de l'Instruction publique.

« *La plus grande erreur*, contre laquelle il faille prémunir vos populations, disait-il, c'est que, pour être représentant, il soit nécessaire d'avoir de *l'éducation* et de la fortune [3]. »

La loi électorale ne s'opposant pas à la nomination des commissaires de Ledru Rollin, ajoutait un vif sti-

---

[1] Déposition de Ledru Rollin devant la Haute Cour de Bourges, audience du 19 mars 1849.

[2] Assemblée législative. Séance du 20 décembre 1849. Discours de MM. Charras et Bedeau.

[3] Circulaire du 6 mars 1848.

mulant aux menées de ces agents dans les départements, où ils exerçaient un pouvoir illimité.

Le Club des clubs avait été établi par la démagogie pour
centraliser l'action des clubs sur les élections. Chaque
réunion populaire y envoyait trois délégués. Ce comité,
à la tête duquel se trouvait Sobrier, était en relation avec
Ledru Rollin. « C'était, dit Lamartine, une sorte de
commissariat officieux, qui servait d'intermédiaire entre
le Ministère de l'Intérieur et l'esprit public [1]. »

Des agents choisis parmi les plus ardents socialistes
étaient secrètement répandus dans les départements avec
des instructions imprimées, que les journaux publièrent
plus tard. Ils recevaient dix francs par jour et étaient
payés avec des fonds provenant de la caisse du Ministère
de l'Intérieur ; 173 mille francs y furent consacrés [2].

M. de Lamartine avoue que le Conseil avait lui-même
autorisé cette mesure et cette dépense [3]. C'était une
concession faite aux ouvriers, pour leur faire accepter
le terme assigné aux élections. On s'était borné à re-
commander au Ministre de l'Intérieur de surveiller le
choix de ses émissaires : « Quelques-uns de ces hommes, dit Lamartine, scandalisèrent l'opinion et la mo-

---

[1] *Révolution de* 1848, ii. p. 227.

[2] La Commission d'enquête fit, en 1848, sur le registre des fonds
secrets, au Ministère de l'Intérieur, un relevé de 103 mille francs
payés à Longepied et de 70 mille à divers autres agents des clubs. —
Enquête de 1848, t. 2.

[3] « Cette concession fut une faute. Le Ministre des Affaires étrangères le sentait en y consentant. » *Révolution de* 1848, ii. p. 292.

rale par des actes et par des correspondances qui salirent leur mission. »

Cependant les factions n'avaient pas renoncé au projet d'exercer une pression sur le pouvoir et de faire ajourner de nouveau les élections. La faiblesse du Gouvernement semblait autoriser ces espérances. Les divers membres se soupçonnaient, se surveillaient mutuellement. Leur désunion n'était plus secrète. La *Réforme* venait d'effacer les noms de Lamartine [1] et de Marrast de la liste des candidats proposés aux électeurs pour l'Assemblée constituante, et *le National* ne recommandait plus à ses lecteurs ceux de Ledru Rollin, Louis Blanc, Flocon et Albert.

Mille bruits alarmants circulaient sur les intentions de la démagogie. Des menaces retentissaient partout contre la majorité du Gouvernement et contre l'Assemblée future. On appréhendait à tout instant un nouveau coup de théâtre, et, le jour même des Élections, la France impatiente redoutait encore de voir un ordre du télégraphe suspendre l'exercice de ses droits, et fermer la porte des Comices au moment où le scrutin commencerait.

[1] « Les listes de candidatures de la Réforme et du Luxembourg, d'où j'étais exclu. » *Trois mois au Pouvoir*, p. 45.

XVII.

Élections générales.

La nouvelle loi électorale était une application complète de ce suffrage universel qui n'avait jusqu'alors
trouvé de défenseurs que parmi les démagogues avides
de bouleverser la société, ou parmi des logiciens obstinés comme MM. de Genoude et Cormenin. C'est en
partie sur les instructions de ce dernier, que les décrets
des 5 et 8 mars avaient été rédigés.

Le suffrage était universel et direct. Il ne dépendait
d'aucune condition de cens. Tout Français âgé de 21 ans
était électeur, il était éligible à 25. On ne refusait
les droits politiques qu'aux personnes qui avaient encouru des condamnations infamantes. Les soldats votaient au régiment, et leurs suffrages étaient ajoutés à
ceux de leur département.

Le vote avait lieu dans chaque chef-lieu de canton,
par scrutin de liste portant autant de noms que le département avait de représentants à élire.

L'Assemblée constituante devait se composer de 900 membres.

La députation de chaque département variait avec la population; elle était fixée sur la base d'un représentant pour 40 mille âmes. On accordait ainsi 34 députés à la Seine, à la Gironde 15, 12 aux Colonies et 4 à l'Algérie.

Les représentants devaient recevoir un traitement de 25 fr. par jour.

La Révolution de février s'était faite au cri de la Réforme parlementaire ; et cependant, loin d'exclure les fonctionnaires de la représentation nationale, la loi permettait même la nomination du commissaire général, dans le département qu'il administrait.

C'est le 23 avril, jour de Pâques, que, dans toute la France, on procéda à l'Élection des membres qui devaient composer l'Assemblée nationale constituante.

L'ordre, l'attitude sévère, on peut même dire le recueillement, avec lesquels on votait, montraient que le peuple avait la conscience de ses devoirs et qu'il comprenait toute la portée de cet acte d'où dépendait le salut de la France.

Cependant, et malgré la gravité des circonstances, le nombre des électeurs qui se pressèrent autour du scrutin prouva clairement que les droits politiques n'étaient pas aussi vivement ambitionnés par les classes ouvrières que l'avait toujours prétendu le parti radical.

Ainsi, sur 9,359,035 électeurs inscrits en France,

7,893,327 seulement participèrent à l'élection ; et dans le département de la Seine, où les clubs excitèrent si activement le zèle des votants, 267 mille suffrages furent recueillis sur 399 mille électeurs. Un tiers s'était abstenu [1].

Le résultat du scrutin ne fut pas favorable à la démagogie. Loin d'atteindre le but que les fauteurs d'anarchie s'étaient promis, l'ajournement des élections avait puissamment servi la cause de l'ordre. Les influences naturelles avaient eu le temps de ressaisir leur autorité. Bien des terreurs, bien des illusions s'étaient dissipées. Les circulaires de Ledru Rollin, les menaces des agitateurs et les souffrances du commerce avaient augmenté les préventions de l'esprit public contre les principes inaugurés par la Révolution de février. Les départements se rappelaient ces jours de deuil où la France entière tremblait devant la Convention, et la Convention devant les faubourgs de Paris.

Préoccupés avant tout de prévenir le retour d'une semblable tyrannie, les électeurs avaient résolu partout de choisir parmi les candidats ceux qui paraîtraient le moins disposés à céder devant l'intimidation. Le langage de Ledru Rollin, celui des journaux et des clubs de Paris, irritait les esprits au lieu de les effrayer, et leur faisait sentir plus vivement le besoin de s'unir.

L'accord des honnêtes gens assura leur triomphe. La

---

[1] Moniteur du 23 février 1849.

majorité resta presque partout au parti républicain modéré, à l'ancienne opposition dynastique, et en certains
endroits aux légitimistes.

Lamartine eut dix nominations. Ledru Rollin fut élu
en Algérie et dans deux départements : celui de la Seine,
et celui de Saône-et-Loire où il était recommandé
aux électeurs par une lettre de Lamartine. Celui-ci eut
à Paris 259,800 voix, Ledru Rollin n'en obtint que
131,587.

XVIII.

Insurrections de Limoges et de Rouen. Situation de Lyon.

La tranquillité n'était pas rétablie en France. Les émeutes se succédaient depuis le mois de février. Le mécontentement que causa aux factions le résultat des élections fut encore un motif de perturbation. Des désordres éclatèrent à Nîmes, à Villefranche, à Brignoles, à Elbœuf. Ils prirent à Rouen et à Limoges de vastes proportions.

A Limoges, de nombreux attroupements avaient empêché les électeurs de voter, ou les avaient forcés à voter dans le sens radical. Au moment du recensement général, les procès-verbaux des suffrages de l'armée sont lacérés et ceux des assemblées cantonales ne sont préservés qu'avec la plus grande difficulté. Une insurrection éclate sous la direction du club appelé la Société populaire et sous celle du délégué envoyé pour surveiller les élections par le club des Jacobins de Paris. La garde nationale est désarmée; les communistes s'emparent de la ville; l'administration municipale est dissoute et remplacée par un Comité insurrectionnel, dont font partie Th. Bac, maire de Limoges, et les principaux membres de la Société populaire. L'exigence de ces hommes ne peut même se plier à l'autorité d'un fonctionnaire sorti de leurs rangs. Le commissaire Chamiot, ancien membre de la société, est forcé d'abdiquer ses pouvoirs (28 avril).

Les chefs de clubs contribuent seuls au maintien de la tranquillité, par leur influence sur les ouvriers. Les négociants, sans cesse menacés, s'éloignent en emportant leurs livres de commerce.

Le Gouvernement fait avec lenteur marcher des troupes sur Limoges ; mais le nouveau commissaire refuse de les recevoir et déclare que l'ordre règne dans la cité.

A Rouen, les démagogues, mécontents des résultats du scrutin, sont encore excités par une proclamation, où M. Deschamps, commissaire du Gouvernement et candidat malheureux, disait aux ouvriers : « Nous sommes vaincus ! » Ils se soulèvent, construisent des barricades et résistent deux jours aux efforts réunis des troupes et de la garde nationale. Plusieurs chefs communistes et deux adjoints au maire nommés par M. Deschamps sont arrêtés parmi les insurgés (27 et 28 avril).

Le parti radical ne déguisa pas ses sympathies pour les fauteurs de guerre civile. Ledru Rollin fit, dans le sein du Gouvernement, un rapport sur les événements dont Rouen venait d'être le théâtre. La conduite des généraux Gérard et Ordener, qui avaient comprimé l'émeute, fut l'objet de violentes attaques de la part du ministre. Louis Blanc proposa ensuite de traduire ces défenseurs de l'ordre devant un conseil de guerre [1].

La nouvelle de l'insurrection et la fermeté avec laquelle elle a été réprimée jettent surtout une vive irritation parmi les clubs parisiens. Blanqui, au nom de la Société Républicaine centrale, adresse au Gouvernement une pétition énergique, pour accuser l'armée et la garde nationale de Rouen, d'avoir massacré le peuple et pour *demander justice*. Le club de la Révolution, présidé par Barbès et siégeant au Palais-Royal, dans la salle des Batailles, charge une commission d'aller demander des explications au Gouvernement et de se rendre ensuite à Rouen, afin d'y faire une enquête et d'y provoquer des poursuites contre le général Ordener et les autres chefs militaires.

Ce même Barbès, récemment nommé colonel de la 12ᵉ légion de la garde nationale de Paris et élu représentant du peuple à l'Assemblée constituante, fait afficher une proclamation dans laquelle il disait aux *parias* de l'ancienne société : « Votre nombre est tel qu'il vous suffira de manifester votre volonté pour obtenir ce que vous désirez ; » — et aux *privilégiés* : « Si les priviléges dont vous étiez investis ont été acquis par vous d'une manière légale, ne vous en prévalez pas ; car ces lois étaient votre

____

[1] F. Arago, déposition du 5 juillet 1848.

ouvrage, et nous ne sommes pas tenus de les respecter. »

Ce langage ne détourna pas Ledru Rollin d'accorder dans le palais de l'Assemblée, aux délégués des clubs démocratiques de Paris, une tribune et deux salles, où l'on ne devait être admis qu'après avoir signé la déclaration des Droits de l'Homme de Robespierre.

Lyon, comme Paris et Limoges, était dans une situation révolutionnaire. Le travail n'était alimenté dans cette grande cité industrielle que par les commandes du Gouvernement, qui faisait faire pour six millions d'écharpes et de drapeaux. La ville était toujours au pouvoir des classes ouvrières.

Envoyé à Lyon, en qualité de commissaire du Gouvernement, Emmanuel Arago, fils du ministre de la Marine, témoignait une déplorable faiblesse. Non-seulement il n'opposait aucune résistance au désordre, mais il accédait à toutes les exigences. Il demanda un jour très-formellement au général Bourjolly, et c'est celui-ci qui atteste le fait, de livrer les armes qui étaient dans les dépôts de l'État! une autre fois les munitions! Il traita avec les factieux, maîtres du fort des Bernardines, et leur accorda par capitulation la permission d'emporter neuf canons à la Croix-Rousse [1] !

Les ouvriers armés s'étaient constitués en corps irréguliers, *voraces, ventres creux, vautours,* et s'étaient ensuite posés en défenseurs de l'ordre. Ils faisaient des

[1] Bourjolly, *Réponse à l'apologie d'Emmanuel Arago.*

patrouilles, arrêtaient des citoyens, se livraient à des per-
quisitions domiciliaires. Arago n'osait pas ou ne voulait
pas les dissoudre ; le comité municipal leur payait une
solde, et leur donnait des postes d'honneur à la Mairie
et à la Préfecture.

XIX.

Derniers décrets.

Le désordre qui régnait dans les esprits se manifestait aussi dans l'administration.

Du 7 mars au 3 mai, les décrets du Gouvernement avaient ouvert 208 millions de crédits extraordinaires. 3 millions avaient été dépensés sans ouverture de crédit.

Ledru Rollin avait employé 738 mille francs de fonds secrets en 77 jours [1] et Lamartine 293 mille [2].

Le Conseil municipal de Paris avait été dissous et remplacé par un membre du Gouvernement provisoire, Garnier-Pagès d'abord, Marrast ensuite, avec le titre de Maire de Paris. Ce fonctionnaire cumulait avec ses attributions celles du Conseil général de la Seine cassé le 12 mars. De sorte qu'un seul homme administrait et or-

---

[1] Rapport de M. Gouin du 24 août 1848. Sous l'ancien régime, les dépenses de police motivaient un crédit normal de 932,000 francs et un crédit extraordinaire d'un million de fonds secrets. Du 1er janvier au 24 février, M. Duchâtel avait employé 255,459 francs : la seule journée du 23 février avait coûté 121,000 francs pour surveiller l'émeute.

[2] Lamartine. *Trois mois au Pouvoir*, p. 36.

donnançait la comptabilité de cette ville, dont le budget s'élevait à 48 millions.

Le moment approchait, où l'Assemblée constituante allait se réunir ; mais le Gouvernement provisoire n'en continuait pas moins la publication de ses décrets et de ses réformes.

Il accomplit la fusion de toutes les banques des départements avec la Banque de France, afin d'établir en France l'unité du signe monétaire.

Il décide que le Louvre sera achevé.

Il proclame l'affranchissement absolu, en deux mois et sans indemnité préalable, de tous les esclaves des Colonies françaises ; mesure inconsidérée qui allait joindre pour nos établissements d'outre-mer, les secousses d'une transformation sociale, au contre-coup des crises de la métropole (27 avril).

Les conseils coloniaux et le conseil des délégués sont dissous, ce qui laissait sans défenseurs ceux dont on allait discuter les plus grands intérêts.

L'expropriation forcée est introduite aux Colonies ainsi que la conscription. Le vagabondage et la mendicité sont interdits. Des droits élevés frapperont les boissons spiritueuses. Enfin on fondera des ateliers nationaux, des ateliers de discipline, des hôpitaux, des hospices, des écoles ; mais, par une singulière imprévoyance, aucune somme n'était affectée à l'établissement de ces institutions ; aucune précaution militaire n'était prise pour préparer de si graves réformes. Le suffrage universel allait être introduit dans ces contrées, où deux races hostiles étaient en présence, et où la population européenne était en si faible minorité au milieu de la population noire.

Ces décrets étaient suivis d'une nuée d'autres décrets, sur des matières d'intérêt secondaire. Le lendemain, le surlendemain, nouveaux décrets. Il en paraît même le 5 mai, quoique le Gouvernement provisoire eût, la veille, déposé ses pouvoirs au sein de l'Assemblée.

Du 24 février au 5 mai, il avait été rendu 295 décrets.

A l'occasion de la réunion de l'Assemblée constituante, le Gouvernement accorde, le 5 mai, aux condamnés, les grâces que le roi Louis-Philippe signait chaque année, le 1er mai, jour de sa fête. Mais le Gouvernement provisoire ne se contente pas du droit de faire grâce. Il va plus loin : il interrompt le cours de la justice, en annulant des procédures commencées contre les individus compromis dans les troubles de Valence et d'Amiens.

XX

Le Gouvernement provisoire.

Telle fut l'administration du Gouvernement provisoire qui dirigea les destinées de la France du 24 février au 7 mai 1848.

Ce gouvernement s'était élevé du sein de l'anarchie et l'avait comprimée. Mais il ne l'avait, en quelque façon, contenue, que pour l'organiser. Il en portait en lui les germes. Il semblait s'être proposé d'accomplir successivement par des décrets tout ce qu'il avait d'abord écarté de mauvais principes, de funestes réformes et d'atteintes à la liberté.

Cependant, s'il ne respecta pas toujours les droits acquis, s'il employa même l'intimidation morale, du moins il ne recourut jamais à la violence. Sa dictature fut inflexible dans ses décrets, mais modérée dans ses actes.

Fort du peu de résistance qu'il rencontra, il dépassa sans cesse les limites qu'il avait lui-même tracées à son action et que la légalité imposait à un gouvernement transitoire. Il s'arrogea tous les pouvoirs et en usa largement pour modifier nos institutions et nos lois.

Ses tendances et sa politique furent moins démocratiques encore, que révolutionnaires.

La France lui reprochera toujours d'avoir ruiné ses
colonies, compromis son industrie et ses finances, désorganisé son administration et tari les sources de la prospérité publique, en professant ou en autorisant des doctrines antisociales, en répandant des promesses imprudentes, et en portant une main téméraire sur toutes
nos institutions.

RÉVOLUTION DE 1848.

RÉSUMÉ

DES

ÉVÉNEMENTS SURVENUS EN FRANCE

Depuis le mois de Février 1848 jusqu'au mois de Juillet 1849.

CORBEIL. — IMPRIMERIE DE CRETÉ.

I

La Révolution.

Louis-Philippe et M. Guizot gouvernaient la France dans le sens du parti *conservateur*. Trois autres grands partis divisaient l'opinion : les *libéraux*, ennemis du ministère; les *républicains*, ennemis des institutions monarchiques ; les *socialistes*, ennemis de l'organisation sociale. Mentionnons aussi les *légitimistes* et les *bonapartistes*, ennemis de la dynastie d'Orléans.

L'opposition libérale, en minorité dans les Chambres, voulait renverser le ministère Guizot. Elle l'accusa d'avoir obtenu la majorité parlementaire au moyen de la corruption, et de se refuser obstinément aux réformes qu'on voulait introduire dans la loi électorale. Décidés à faire faire à la France un nouveau pas vers la démocratie, les libéraux se coalisèrent avec les républicains et les socialistes pour combattre le Gouvernement, sans con-

sidérer qu'une pareille alliance tourne toujours au profit des partis les plus violents ! On agita le pays au
moyen des banquets et de la presse. La calomnie se dé-
chaîna contre le ministère.

Celui-ci, après être longtemps resté indifférent à ces
attaques, se prévalut de l'appui que lui offrait la majorité, pour jeter un blâme officiel sur la conduite de l'opposition. Ce blâme tomba de la bouche même du roi
qui l'exprima dans le discours d'ouverture de la session
1848, et la Chambre des députés s'y associa, le 12 février, par le vote de l'Adresse.

L'opposition irritée n'hésita pas à porter un défi au
ministère. Elle résolut d'en appeler, non plus à l'opinion de la France, qui s'était prononcée contre elle dans
les élections, mais au peuple de Paris. Elle annonça qu'elle
assisterait au banquet du douzième arrondissement.

Les journaux républicains et socialistes prirent alors
un langage révolutionnaire, qui obligea le ministère à
interdire le banquet.

Le parti libéral n'osa passer outre : son chef, Odilon
Barrot, se retira de la lutte, en accusant MM. Guizot et
Duchâtel de violer le Droit de réunion, et en demandant
que le ministère fût mis en jugement. — 22 février.

Mais les républicains et les socialistes, qui avaient organisé un complot pour renverser le Gouvernement, ne
reculèrent pas. Ils suscitèrent une émeute. La bourgeoisie parisienne et la garde nationale, qui appartenaient
au parti libéral, ne voulurent pas soutenir le ministère.

Elles firent cause commune avec les émeutiers. Louis-Philippe céda devant cette démonstration. Il renvoya le ministère Guizot.

On croyait tout terminé. Mais les républicains n'étaient pas satisfaits. La lutte recommença.

Un coup de feu, tiré à l'improviste, le 23 février au soir, sur la troupe de ligne postée devant l'hôtel du ministère des Affaires étrangères, ralluma la sédition.

Le Roi et les chefs du parti libéral, MM. Thiers et Barrot, qui venaient d'être appelés dans le Conseil, n'osèrent pas opposer la force à la garde nationale parisienne. Bugeaud reçut l'ordre de ne pas faire feu. L'armée se retira devant les insurgés.—Ceux-ci marchèrent sans obstacle sur les Tuileries et s'en emparèrent. Le Roi venait de fuir, après avoir consenti, sur les instances du duc de Montpensier, son fils, et de M. Émile de Girardin, à abdiquer en faveur du comte de Paris. La reine et le maréchal Bugeaud s'y étaient en vain opposés.

La duchesse d'Orléans, que les libéraux voulaient nommer à la Régence malgré la loi qui conférait cette dignité au duc de Nemours, se rend avec ses deux fils à la Chambre des députés pour y faire reconnaître le comte de Paris. Tandis que les républicains et les légitimistes contestent les droits de cet enfant à la couronne, une poignée d'insurgés, introduits dans l'assemblée par Armand Marrast, tranchent la question et proclament en désordre un Gouvernement Provisoire, au cri de *Vive la République!* — 24 février 1848.

La duchesse, ses fils, le duc de Nemours sont contraints de prendre la fuite.

Les insurgés exigent que l'armée quitte la capitale.

Les départements, étonnés de cette révolution imprévue, déconcertés par la faiblesse d'un roi qui s'abandonne lui-même, enfin embarrassés par les liens d'une centralisation exagérée, se soumettent à la volonté de Paris.

On ne se préoccupe pour le moment que de maintenir partout l'ordre matériel.

Le duc d'Aumale, gouverneur de l'Algérie, se retire sans opposer de résistance, et laisse au général Cavaignac le commandement d'une armée de 80 mille hommes.

II

Le Gouvernement Provisoire.

Le Gouvernement Provisoire se composait de Ledru Rollin, Lamartine, François Arago, Garnier-Pagès, Marie, Crémieux et Dupont de l'Eure, tous députés. Ils eurent d'abord à se faire accepter de la démagogie parisienne. Pour y parvenir, ils s'empressèrent de s'adjoindre les républicains Marrast et Flocon, et les socialistes Louis Blanc et Albert; — ils proclamèrent la République; — ils permirent à Louis Blanc les conférences du Luxembourg; — ils décrétèrent le Droit au travail et créèrent, comme conséquence, les Ateliers nationaux.

Ces concessions ne suffirent pas, et pendant toute la durée de leur mandat, les nouveaux gouvernants eurent à lutter contre les partis extrêmes, qui étaient secondés par les clubs, favorisés par une liberté absolue de la presse, encouragés par l'éloignement des troupes, et armés par l'imprévoyance avec laquelle on avait admis tous les gens du peuple dans les rangs de la garde nationale. — Le Gouvernement n'avait d'autre appui que l'éloquence de Lamartine, la sympathie des ouvriers honnêtes et la crainte qu'inspiraient les départements.

Lamartine, par la fermeté avec laquelle il repoussa le drapeau rouge, emblème de la Terreur, gagna l'affection des départements et, lorsqu'on s'aperçut qu'il luttait dans le Conseil contre une minorité démagogique, son nom devint le signe de ralliement du grand parti de l'ordre qui commençait à se former.

Les anarchistes, secondés par Ledru Rollin et Louis Blanc, minorité du Gouvernement Provisoire, eurent recours à la séduction pour gagner le peuple, et à l'intimidation pour subjuguer la majorité du conseil et effrayer les départements. De là, les conférences du Luxembourg, la journée du 17 mars et les circulaires de Ledru Rollin.

La journée du 17 mars, suscitée par Blanqui et Caussidière, et dirigée en apparence contre l'ancienne garde nationale, avait pour but d'exiger l'ajournement des élections. Ce but ne fut atteint qu'en partie, mais la manifestation eut un résultat plus fâcheux encore. Elle épouvanta la majorité du Gouvernement, et, si les factions avaient su se prévaloir de ce succès. elles s'emparaient de la Révolution.

Les Circulaires de Ledru Rollin eurent un effet contraire. Le ton révolutionnaire et despotique de ces documents blessa le sentiment national. Les antécédents et la conduite des commissaires du Gouvernement achevèrent d'irriter les esprits. Enfin, la presse départemen-

tale, encouragée par l'opposition de M. de Girardin, dirigea contre le pouvoir et contre les principes républicains,
les attaques les plus violentes.

Au milieu des préoccupations que lui suscitaient ces
résistances, le Gouvernement provisoire administra au
hasard, modifiant nos lois selon ses inspirations et d'a-
près les diverses fluctuations du pouvoir entre la minorité et la majorité. L'adoption du suffrage universel,
l'abolition de la peine de mort en matière politique,
celle de l'esclavage, celle de la taxe du sel, et la centralisation des banques, furent les principales mesures lé-
gislatives de cette dictature révolutionnaire.

Garnier–Pagès et Lamartine, l'un aux Finances, l'autre aux Affaires étrangères, se trouvaient en présence
des plus grandes difficultés.

Lamartine parvint, malgré l'ébranlement général de
l'Europe et en dépit des tentatives dirigées par la démagogie contre la Belgique, l'Allemagne et le Piémont, à
continuer le système de paix adopté avant lui par
M. Guizot. — Garnier-Pagès conjura la banqueroute, que
le poids de la dette flottante semblait rendre imminente,
mais il ne put maîtriser la crise financière que les périls
duprésent et les incertitudes de l'avenir avaient fait
éclater.

Pendant que ces deux ministres luttaient avec avantage en faveur de l'ordre, leurs collègues Louis Blanc et
Ledru Rollin suscitaient au Gouvernement de nouveaux
embarras.

Le premier, par ses déclamations au Luxembourg, remuait les mauvaises passions ; le second, par la circulaire du 7 avril et par le bulletin n° 16, entretenait imprudemment l'opposition des départements.

Ces deux membres de la minorité ne se bornèrent pas aux excitations. Ils trempèrent dans un complot qui avait pour objet d'intimider la majorité, et même de l'expulser du Gouvernement. Ce complot amena la journée du 16 avril.

Les projets de la démagogie furent déjoués, d'un côté par les divisions qu'avait fait éclater entre les factieux la publication d'anciennes révélations attribuées à Blanqui sur les sociétés secrètes ; de l'autre, par l'énergie de Lamartine, de Changarnier et de Marrast qui firent battre le rappel et qui opposèrent aux ennemis de l'ordre les baïonnettes de la garde nationale à peine organisée.

L'heureux résultat de la journée du 16 avril et quelques concessions mutuelles, de la part des membres du Gouvernement, permirent d'atteindre le jour des Élections générales.

Elles eurent lieu le 23 avril 1848, et donnèrent la majorité au parti républicain modéré.

La démagogie mécontente se souleva à Rouen et à Limoges. — A Rouen, il fallut deux jours de lutte pour triompher des barricades de l'insurrection. A Limoges, les communistes restèrent maîtres de la ville.

III

L'Assemblée Constituante et la Commission Exécutive.

Élue par le suffrage universel et direct, l'Assemblée constituante de 1848 offrait une majorité de républicains purs, auxquels se ralliaient, pour lutter contre les partis extrêmes, les diverses fractions du parti modéré. Cette Assemblée donna bientôt la preuve de ses sentiments républicains, car elle sanctionna, dès sa première séance et sans discussion, la proclamation de la République démocratique. Elle déclara que le Gouvernement Provisoire avait bien mérité de la patrie. Enfin elle lui maintint par délégation le pouvoir exécutif, en écartant pourtant l'élément socialiste.

La Commission exécutive fut composée de F. Arago, Garnier-Pagès, Marie, Lamartine et Ledru Rollin, qui choisirent un ministère dans les nuances du *National* et de la *Réforme*. — 10 mai.

Les démagogues et les socialistes furent mécontents de n'avoir pas de part au Gouvernement, et de voir les républicains purs s'emparer de la Révolution. L'autorité que la Représentation avait puisée dans le suffrage universel, n'arrêta pas leurs conspirations. Ils suscitèrent trois grands mouvements populaires contre l'Assemblée constituante : l'attentat du 15 mai, les agitations bonapartistes et l'Insurrection de juin.

Le nom de la Pologne servit de drapeau à l'attentat du 15 mai. Sous prétexte de réclamer une intervention en faveur de cette nation, les principaux chefs de clubs, Barbès, Blanqui, Raspail, poussent les faubourgs sur l'Assemblée, envahissent la salle des séances, proclament par la voix d'Hubert la dissolution du corps constituant, et tiennent pendant trois heures la Représentation captive. La garde nationale et la garde mobile viennent enfin disperser les factieux. On marche ensuite sur l'Hôtel de Ville et l'on y arrête en flagrant délit les chefs du mouvement, parmi lesquels se trouvaient deux représentants, Barbès et Albert.

L'agitation continua. Elle s'arma du nom de Louis-Napoléon Bonaparte qui venait, dans les élections complémentaires, d'obtenir les suffrages de trois départements et de l'Algérie. Un vif enthousiasme se manifestait partout, et même dans la capitale, en faveur de ce prince, dont l'ambition et la témérité s'étaient signalées, sous le règne de Louis-Philippe, par les tentatives de Strasbourg et de Boulogne. Un mouvement allait éclater à Paris, lorsque Louis-Napoléon, alors à Londres, envoya sa démission et déçut ainsi les espérances de l'anarchie.

La démagogie ne tarda pas à trouver un prétexte nouveau pour soulever les masses populaires.

Les Ateliers nationaux, créés par le Gouvernement Provisoire, regorgeaient d'ouvriers, dont l'oisiveté soldée était une proie pour le communisme, une charge exagérée pour les finances et une menace pour l'ordre public. La Commission exécutive était d'accord avec l'Assemblée pour dissoudre cette armée. L'annonce de cette dissolution fut habilement exploitée par les fauteurs de guerre civile, et lorsqu'on voulut mettre à exécution les premières mesures adoptées par le Gouvernement, une vaste insurrection éclata, et Paris se hérissa tout à coup de barricades. — 23 juin 1848.

On apprenait en même temps le soulèvement des Nègres à la Martinique le 22 mai, et l'insurrection des ouvriers de Marseille le 22 juin.

Le premier de ces deux mouvements avait été apaisé par la concession immédiate de la liberté promise aux esclaves par le Gouvernement Provisoire.

Le second fut dompté par la force des armes, après un combat de deux jours dans les rues de Marseille.

A Paris, les événements furent plus graves et la résistance plus longue.

Dès les premiers moments de l'insurrection, la Commission exécutive est forcée par les Représentants de donner sa démission, et l'Assemblée, prenant en main tous les pouvoirs, met Paris en état de siége, et confie la dictature militaire au général Cavaignac.

Celui-ci suspend aussitôt la liberté de la presse, et, habilement secondé par les généraux Lamoricière, Négrier, Bedeau, Damesme, Duvivier, il poursuit l'insurrection de quartier en quartier. Il fallut soutenir une lutte de quatre jours (les 23, 24, 25 et 26 juin), dans laquelle périrent sept de nos meilleurs généraux, et qui fut signalée, de la part des insurgés, par des cruautés et une animosité inouïes, par le meurtre du général Bréa, par l'assassinat de l'archevêque de Paris. Enfin, grâce à l'énergie des troupes, au courage des gardes nationale et mobile de Paris, à l'enthousiasme des gardes nationales des départements, qui accouraient vers la capitale de tous les points de la France, la cause de l'ordre et de la société l'emporta.

L'Assemblée envoya devant les conseils de guerre les principaux insurgés, elle condamna les autres à la déportation comme prisonniers de guerre, enfin elle conserva au général Cavaignac le Pouvoir exécutif.

IV

L'Assemblée Constituante.

Le général Cavaignac, simple président du conseil,
gouverna constamment dans le sens de l'Assemblée Constituante. Aussi allons-nous d'abord reporter notre attention vers cette Assemblée, et jeter un coup d'œil sur
ses travaux législatifs et sur la Constitution qu'elle donna
à la France.

Purement républicaine et éclairée par la triste et récente expérience de Juin, la Représentation nationale
commença une réaction contre les principes du Gouvernement Provisoire. Elle abrogea plusieurs décrets qui
n'avaient pas été assez mûrement médités, et repoussa
les théories communistes inaugurées par Louis Blanc.
Elle applaudit au brillant rapport dirigé par M. Thiers
contre les doctrines de Proudhon. Elle refusa d'inscrire
le Droit au travail dans le préambule de la Constitution.
Elle fit, contre la presse et les clubs, la loi du 28 juillet,
et rétablit le cautionnement des journaux. Enfin elle

adopta en partie les conclusions de la grande Enquête faite contre les auteurs des mouvements révolutionnaires des quatre derniers mois.

Les preuves ne parurent pas suffisantes contre Ledru Rollin. Mais, Caussidière et Louis Blanc furent décrétés d'accusation et ils s'échappèrent en Angleterre. — 25 août.

L'Assemblée Constituante approuva toutes les mesures énergiques que prit ou proposa Cavaignac contre l'anarchie. Elle maintint l'état de siége de Paris tant qu'il le jugea nécessaire, c'est-à-dire jusqu'au 19 octobre, près de quatre mois.

En matière de finances, l'Assemblée repoussa l'impôt hypothécaire, refusa d'autoriser la création d'un papier monnaie, et, sur l'initiative du ministre Goudchaux, elle réalisa la consolidation des bons du trésor et des dépôts faits aux caisses d'épargne, vota l'emprunt du 24 juillet, racheta le chemin de fer de Lyon et accomplit la réforme postale. — Enfin cette Assemblée régla les bases d'un enseignement agricole, et tenta la colonisation de l'Algérie par l'envoi d'ouvriers parisiens.

La Constitution fut votée le 14 novembre 1848. Elle déférait le pouvoir exécutif à un Président, élu pour quatre ans par le suffrage universel et direct, ne pouvant être réélu au terme de son mandat, responsable de ses actes et de ceux de son ministère devant l'Assemblée représentative. Le Pouvoir législatif était concentré dans une seule Chambre, renouvelée tous les trois ans, par le suffrage universel et direct. C'était en elle que résidait la vraie souveraineté. Le Président ne pouvait la dissoudre.

Dès la promulgation de cette Constitution, deux grandes questions surgirent :

Quel sera le terme du mandat de l'Assemblée actuelle ? — Quel sera le Président de la République ?

L'Assemblée résolut la première à son avantage, en se réservant la confection de dix lois organiques. — Elle avait déjà abandonné la seconde à la nation, le jour où elle avait établi dans la Constitution que le Président serait élu par le suffrage universel.

L'opinion modérée, qui formait dans l'Assemblée un grand parti national par la coalition des anciens partis monarchiques, ayant pour chefs MM. Thiers, Molé, Berryer, de Broglie, et qui constituait la Réunion de la rue de Poitiers, engagea dès ce moment une double lutte contre l'Assemblée, dont elle voulait abréger le mandat, et contre Cavaignac, président du Conseil, dont elle voulait empêcher l'élection à la présidence de la République.

Nous allons décrire ces deux luttes.

V

Le général Cavaignac.

Le général Cavaignac avait donné des gages sincères
à la cause de l'ordre. Il avait, au mois de Juin, com-
mandé le feu contre les socialistes de Paris. Depuis, il
avait approuvé et même suscité les mesures sévères prises par l'Assemblée contre la presse. Néanmoins, le parti
modéré le trouvait trop républicain. Cette inquiétude
sur ses sentiments secrets se changea en méfiance dès
qu'on l'entendit à la tribune s'écrier qu'il sacrifierait
jusqu'à son honneur pour la République, et rendre spontanément un hommage officiel à la mémoire de son
père, exalté conventionnel.

Ces paroles imprudentes devinrent l'objet des plus
ardentes attaques. Les journaux rappelèrent le passé de
Cavaignac père, et M. de Girardin, qui sortait du cachot
où le fils l'avait tenu au secret, engagea contre le chef
du Pouvoir exécutif une lutte des plus acharnées. Le
journaliste parisien ne se borna pas à commenter les

paroles et la conduite, ou à suspecter les intentions de
son adversaire, il alla jusqu'à contester le meilleur titre
du général à la reconnaissance publique. Il accusa Cavaignac d'avoir, dans des vues ambitieuses, prolongé vo-
lontairement la lutte sanglante de Juin. Ces graves im-
putations, développées avec talent, furent partout ré-
pétées par la presse modérée des départements.

En vain, le chef du Pouvoir chercha-t-il à déjouer ces
attaques. Ni l'adjonction au ministère, le 14 octobre, de
MM. Dufaure et Vivien, qui appartenaient à la nuance
la moins avancée dans le républicanisme ; ni la défense
victorieuse que Cavaignac fit entendre, dans la séance
du 25 novembre, en réponse à l'accusation dressée contre lui par M. de Girardin, et reproduite à la tribune
par Barthélemy de Saint-Hilaire au nom de l'ancienne
commission exécutive ; ni l'ordre du jour favorable au
président du Conseil ; ni la rupture éclatante opérée pendant la discussion entre lui et Ledru Rollin ; ni concessions, ni justifications, rien ne put désarmer l'opinion et
ramener vers le général les suffrages du parti modéré.

Tandis que la presse détruisait ainsi la popularité de
Cavaignac, une popularité naissante appelait vers un autre candidat les vœux de la nation.

Le parti modéré s'était décidé à opposer à Cavaignac
le prince Louis-Napoléon, dont le nom excitait, surtout
dans les campagnes, le plus vif enthousiasme. Réélu, le
15 septembre, à Paris et dans quatre départements, ce
prince avait, dès le 27 octobre, obtenu l'appui de M. ed

Girardin, et, bientôt après, celui de toute la presse modérée. Un discours de M. Thiers, dans la Réunion de la rue de Poitiers, acheva de conquérir les dernières hésitations. Tous les partis monarchiques, tous les hommes d'État de l'ancien régime, et même beaucoup de républicains, acceptèrent pour drapeau le nom de Napoléon.

Les membres exaltés de la montagne essayèrent en vain dans l'Assemblée de jeter du ridicule sur la personne du prince : leurs attaques donnèrent une nouvelle force à Louis-Napoléon. Ce furent les interpellations d'Antony Thouret, qui lui fournirent l'occasion de poser sa candidature du haut de la tribune.

Cavaignac, au contraire, devenait l'objet d'une répulsion chaque jour plus prononcée. Tout tournait contre lui. Les sages mesures qu'il prenait étaient attribuées au désir de gagner les électeurs. Ses fautes étaient grossies par la calomnie. On dénaturait ses meilleures intentions.

Enfin arriva le 10 décembre, jour de l'Élection. Lamartine et Cavaignac, autrefois si populaires, n'obtinrent, le premier que 22 mille voix, le second que 1469 mille ; Ledru Rollin en réunit 377 mille, et Raspail, candidat socialiste, 37 mille.

Louis-Napoléon Bonaparte, appuyé par 5 millions et demi de suffrages, est proclamé Président de la République.

VI

Louis-Napoléon et l'Assemblée Constituante.

L'Élection du 10 décembre enleva aux républicains du *National* le pouvoir que l'Assemblée avait arraché, pendant l'insurrection de Juin, aux républicains de la *Réforme*. Le parti modéré arrive enfin aux affaires, non par ses chefs trop impopulaires à la République, mais par des hommes qui, sous la monarchie, avaient appartenu à l'opposition libérale. Le ministère que choisit Louis-Napoléon réunit MM. Odilon Barrot, Léon Faucher, de Falloux. Le maréchal Bugeaud est envoyé à l'armée des Alpes, et le commandement militaire de Paris est confié au général Changarnier.

L'opinion publique avait écarté Cavaignac qu'elle trouvait trop républicain. C'est maintenant l'Assemblée Constituante, plus républicaine que la nation, qui va devenir impopulaire.

Le Pouvoir exécutif, fort de son origine récente, des

6 millions de voix du suffrage universel, et surtout de l'impopularité de l'Assemblée, ne craint pas d'engager une lutte avec cette dernière, malgré l'esprit de la Constitution qui place dans le corps législatif le pouvoir souverain.

Cette rivalité, qui est le fait dominant de toute la période que nous allons résumer, se manifeste d'abord, par les interpellations incessantes de l'Assemblée aux ministres ; par l'appui officiel que donne le 12 janvier Odilon Barrot, chef du cabinet, à la proposition Rateau, faite dans le but de fixer un terme à l'existence de l'Assemblée et de lui enlever la rédaction des lois organiques ; enfin, le 27 janvier 1849, par le refus, de la part de l'Assemblée, d'autoriser la suppression des clubs. Ce vote fait tomber le Gouvernement en minorité.

La Montagne dépose alors une proposition de mise en accusation des ministres, pareille à celle à laquelle ces derniers s'étaient eux-mêmes associés le 22 février 1848. Juste retour des événements ! Odilon Barrot et le parti libéral se trouvent ainsi dans la situation où leur opposition avait, onze mois auparavant, placé MM. Guizot et Duchâtel.

Le vote par lequel est repoussée l'urgence du projet de loi contre les clubs coïncide avec le mécontentement de la garde mobile qu'on voulait réorganiser, avec l'agitation causée par la seconde lecture de la proposition Rateau et la convocation à Bourges de la Haute cour de Justice pour le procès du 15 mai

Une émeute allait éclater. Elle fut heureusement dé-
jouée, le 29 janvier, par la fermeté de Louis-Napoléon
et des ministres qui refusèrent toute concession à la démagogie, et par la vigilance de Changarnier qui, en un
instant, couvrit Paris de troupes.

Le 3 février, le ministère tombe encore en minorité
devant l'Assemblée. Il refuse de se retirer, et, sans un
ordre du jour, proposé par le général Oudinot dans un
esprit de conciliation, le conflit restait sans issue légale.

Cependant l'Assemblée, par son impopularité crois-
sante et par l'énergie du Pouvoir exécutif, est forcée, le
7 février, de limiter sa durée en renonçant à presque
toutes les lois organiques, — et, le 20 mars, d'adopter la
deuxième lecture du projet de loi contre les clubs.

Du reste, la majorité ne céda sur ce dernier point
qu'après avoir hésité entre le vote et l'insurrection. La
Montagne s'abstint, et le ministère n'osa pas tirer parti
de la victoire, en demandant la troisième lecture.

Dans ses dernières séances, l'Assemblée signala son
opposition par les réductions de dépenses, et la malveil-
lance qu'elle apporta dans la discussion du budget de
1849; par le refus de voter les appointements du général Changarnier ; enfin, par l'abolition, à dater de 1850,
de l'impôt des boissons, qui, jointe à la diminution,
faite, peu de mois avant, des deux tiers de la taxe du sel,
allait placer le Gouvernement entre l'impopularité et
l'impuissance.

La lutte prenait en ce moment de vastes proportions.

Une grave question venait de surgir à propos des affaires de Rome. Elle servit d'aliment aux passions dont l'Assemblée était animée.

A la suite de la Révolution de Février, l'Europe entière avait été bouleversée. La cause du libéralisme, en progrès partout, et déjà triomphante en Prusse, en Suisse, en Piémont, à Naples et même à Rome, fut alors compromise par le succès des idées révolutionnaires. Les grandes capitales monarchiques de l'Europe centrale se soulevèrent et expulsèrent leurs rois ; les nationalités se réveillèrent en Hongrie et en Italie ; tous les États furent ébranlés. — Depuis, l'ordre avait successivement été rétabli, et, au commencement de l'année 1849, la Hongrie et l'Italie restaient seules à pacifier.

La Hongrie luttait en désespérée contre l'Autriche. La Haute-Italie était retombée au pouvoir de l'étranger, un instant chassé par Charles-Albert. Le système républicain parut tout à coup prêt à faire de nouveaux progrès.

Le parti révolutionnaire n'était pas satisfait des larges concéssions faites par le pape Pie IX, qui avait cependant poussé le libéralisme jusqu'à accorder aux Romains le gouvernement représentatif. On voulait maintenant arracher à ce prince une déclaration de guerre contre l'Autriche. M. Rossi, chef du ministère libéral, fut assasssiné, et le peuple vint assiéger dans le Quirinal le Pontife naguère si populaire. Pie IX fut réduit à fuir et se retira à Gaëte (24 novembre). Le radicalisme vain-

queur s'empara de l'Italie. A Rome, il prononça la déchéance temporelle du Pape par un vote de l'Assemblée
constituante (9 février). En Toscane, il expulsa le grand
Duc (7 février). Enfin, en Piémont, il força Charles-
Albert à recommencer la guerre qu'il n'était pas en état
de soutenir.

Ce prince fut vaincu à Novarre le 23 mars 1849, et
les Autrichiens se préparèrent à étouffer la Révolution
à Florence et à Rome, tandis que le roi de Naples sur-
montait les dernières résistances de la Sicile.

Le ministère français se décida à intervenir, non pas
dans la Haute-Italie en faveur du Radicalisme, mais dans
les États Pontificaux, où il désirait rétablir Pie IX au
profit du libéralisme. Une demande fut faite à l'Assemblée Constituante. Celle-ci, désespérant de la cause républicaine à Rome, autorise l'expédition, sur le rapport
favorable de Jules Favre, collaborateur des circulaires
de Ledru Rollin.

Le général Oudinot est envoyé en Italie. Il occupe Ci-
vita-Vecchia, et marche sur Rome, afin d'y appuyer le
parti du Pape. Mais le triumvirat républicain, soutenu
par Garibaldi et les réfugiés étrangers, fait prévaloir
l'idée de la résistance. La Constituante romaine donne
elle-même le signal de dresser les barricades et nos soldats, à leur entrée à Rome, sont accueillis à coups de
fusil. — 30 avril.

Cette nouvelle répand en France une vive agitation.
Les radicaux se réjouissent de nos revers et donnent

raison aux Romains, Un vote, rendu dans la nuit du 7 au 8 mars, déclare que le ministère s'est écarté, dans l'expédition romaine, des volontés de l'Assemblée. La Montagne demande la mise en accusation des ministres, mais Louis-Napoléon s'associe à leur politique par la lettre qu'il écrit le 8 mai à Oudinot.

Les anarchistes de Paris, en correspondance avec les révolutionnaires romains, n'attendaient qu'un nouveau vote de l'Assemblée pour se soulever. La discussion est enfin reprise les 10 et 11 mai, et, après un débat, où Odilon Barrot déploie toutes les ressources de l'éloquence, l'Assemblée, effrayée d'une guerre civile imminente, accorde un vote de confiance au pouvoir exécutif et écarte la demande de mise en accusation du ministère.

Léon Faucher, ministre de l'intérieur, s'empresse, par le télégraphe, d'instruire de ce résultat les départements où les Élections générales allaient commencer le 13 mai. Les termes de la dépêche, qui signale nominativement le vote de plusieurs représentants de la Montagne, attire sur lui le blâme de l'Assemblée, et le Ministre, abandonné de ses collègues du côté droit, est forcé de donner sa démission.

Du 14 au 26 mai, l'agitation fut excessive. Les bruits de remaniement ministériel, les accusations de coup d'État, les proclamations du czar de Russie et du roi de Prusse, qui se coalisaient avec l'Autriche contre le principe révolutionnaire, les récriminations dont les dernières séances de l'Assemblée retentissent, sont autant de motifs d'inquiétude et de sujets de discorde. Mais l'éloquence de MM. Odilon Barrot et de Falloux, la reconnaissance de la République par l'empereur de Russie, la terreur que Changarnier inspire à l'anarchie et surtout les résultats successivement connus des élections favorables à l'ordre, maintiennent la paix publique.

Enfin, le 26 mai, l'Assemblée Constituante termine ses travaux.

VII

Le 13 Juin 1849.

Les Élections du 13 mai 1849 envoyèrent à l'Assemblée législative beaucoup de représentants modérés et une imposante minorité de socialistes, mais peu de républicains constitutionnels. Les principaux membres de la Constituante et presque tous les hommes du Gouvernement provisoire, même Lamartine, ne furent pas réélus.

Louis-Napoléon qui avait pris naguère un ministère modéré en face d'une assemblée républicaine, adjoignit Dufaure à Odilon Barrot, et donna ainsi à l'administration une couleur constitutionnelle, au moment où cette nuance cessait d'être celle de la Représentation.

Le socialisme, exalté par le résultat des élections, dans lesquelles sa coalition avec la démagogie lui avait assuré le tiers des suffrages, et encouragé par la vaste organisation qu'il avait étendue de Paris sur tous les départements, le socialisme ne tarda pas à tenter un nouveau coup de main.

La question italienne servit encore de prétexte à ses attaques.

Le général Oudinot, qui assiégeait Rome, avait désavoué le traité conclu en dehors de ses instructions par notre envoyé Ferdinand de Lesseps avec la République romaine, et, après avoir obtenu du ministère l'autorisation de commencer les opérations, il avait, le 3 juin, enlevé les principales positions autour de la ville. Les Autrichiens, concentrant leurs efforts contre la Toscane et Venise, nous laissaient agir en liberté dans l'Italie centrale.

La Montagne et le parti socialiste s'écrient que le pouvoir exécutif, en donnant l'ordre d'attaquer Rome, a violé la Constitution. La presse démocratique prend l'attitude révolutionnaire. Une proposition de mise en accusation du Président et des ministres est déposée. — Enfin Ledru Rollin, dans la séance du 11 juin, jette du haut de la tribune un audacieux appel aux armes.

L'Assemblée législative, après avoir, le 11, passé à l'ordre du jour sur la question romaine, repousse, le 12 au soir, la proposition de mise en accusation.

La Montagne s'abstient, et, en sortant de la séance, elle se réunit en conciliabule, signe un appel au peuple et prépare une manifestation pour le lendemain 13 juin.

Ce jour là, Changarnier, sauva encore une fois la société. Ses mesures étaient si bien prises que la manifestation fut dispersée sur les boulevards par une charge de cavalerie et l'insurrection étouffée sans combat.

Ledru Rollin et les principaux membres de la Montagne, revêtus de leurs insignes, étaient allés se constituer en convention au Conservatoire des arts et métiers, mettant hors la loi la majorité de l'Assemblée. Après une courte résistance, la position est emportée et les Montagnards sont réduits à fuir. Ledru Rollin fut du nombre de ceux qui s'échappèrent. Il se réfugia en Angleterre.

L'Assemblée mit Paris en état de siége, décréta successivement des poursuites contre trente-deux représentants, et le 19 juin, abolit les clubs pour un an.

L'insurrection, avortée à Paris, éclata à Lyon, le 15 juin. Elle fut comprimée par la force et Lyon mis en état de siége.

Enfin, à la même époque, par suite des agitations électorales, la Guadeloupe et la petite île de Marie-Galante étaient désolées par l'émeute et l'incendie.

Cependant, découragée par la défaite de ses alliés de Paris, la Constituante romaine capitula le 30 juin et ouvrit aux Français les portes de Rome. Cette assemblée, quoique élue par le suffrage universel, fut dissoute, et le général Oudinot rétablit le pouvoir temporel du pape. — 15 juillet 1849.

La soumission de la Hongrie, après une lutte prolongée et glorieuse contre l'Autriche et la Russie, acheva la pacification de l'Europe.

Après avoir fait contre la presse la loi du 27 juillet, avoir voté la loi sur l'état de siége, et levé celui de Paris le 10 août, l'Assemblée Législative convoqua à Versailles la Haute-Cour de Justice, et se prorogea du 13 août au 1er octobre 1849.

La lettre hardie écrite le 18 août par Louis-Napoléon à Edgard Ney pour blâmer le Gouvernement trop réactionnaire établi à Rome par le Pape, — puis le *motu proprio* par lequel Pie IX fit à son peuple quelques concessions libérales, amenèrent au retour de l'Assemblée un débat qui, sans l'intervention de M. Thiers, eût été suivi d'un vote hostile au Président. Une crise ministérielle éclata. La réunion du Conseil d'État se préparait à renverser MM. Dufaure, Barrot, et à porter au pouvoir MM. Thiers, Molé, Berryer, lorsque tout à coup Louis-Napoléon, encouragé par les sentiments d'enthousiasme qu'il venait d'exciter dans plusieurs voyages, se prévalut de l'article de la Constitution qui le rendait responsable, et, par le message du 31 octobre 1849, informa l'Assemblée qu'il voulait gouverner par lui-même.

Le ministère de MM. Barrot, Dufaure, fut brusquement congédié, et Napoléon le remplaça par des hommes nouveaux, quoique appartenant au parti modéré.

VIII

Lutte contre l'anarchie.

Le message du 31 octobre 1849, par lequel Louis-Napoléon voulut inaugurer une politique personnelle, jeta un premier nuage entre le Prince et les partis monarchiques. MM. Thiers, Molé, Berryer parurent mécontents. Des bruits de fusion entre les deux branches des Bourbons se répandirent, et le Président commença à être soupçonné de vouloir frapper à son profit un coup d'État contre la République. Le discours qu'il adressa aux préfets et la création du journal *le Napoléon* entretinrent cette crainte. — Mais les nécessités de la lutte qu'on avait à soutenir contre l'anarchie rapprochèrent bientôt les esprits et ajournèrent les divisions du parti de l'ordre.

La Haute-Cour de Justice séant à Versailles pour juger les auteurs de l'attentat du 13 juin 1849, venait de condamner à la déportation 29 représentants, dont 20 contumaces. (Novembre 1849.)

Le ministère, auquel présida Ferdinand Barrot jusqu'au 15 mars 1850, et Baroche après cette date, se signala par une série de mesures aussi opportunes qu'énergiques.

La police de Paris fut confiée à M. Carlier. — M. de Lacoste fut nommé commissaire extraordinaire à Lyon. — Un décret du Président divisa 49 départements en quatre grandes zones militaires, dont le commandement fut confié à des généraux habiles. Changarnier obtint celle dont Paris est le centre (12 février 1850). — La garde mobile fut licenciée, — les arbres de Liberté furent enlevés par la police.

L'Assemblée, de son côté, casse les élections socialistes de la Guadeloupe, prononce la déchéance de trente-deux représentants condamnés par la Haute-Cour de Versailles, et vote une loi qui place l'instruction primaire sous la surveillance des préfets. Ceux-ci peuvent dès lors suspendre et même révoquer les instituteurs (11 janvier 1849). Enfin, au mois de mars, est votée une loi sur l'enseignement, qui accorde des concessions importantes au parti religieux.

Des élections partielles eurent lieu. Le 10 mars, Vidal, Carnot, de Flotte furent nommés à Paris, et dix-huit socialistes dans les départements. — Le 28 avril, Eugène Sue fut nommé à Paris par 128 mille voix, et six socialistes furent réélus dans le département de Saône-et-Loire.

Ces résultats du suffrage universel jettent l'effroi dans le parti modéré, et amènent un rapprochement plus complet entre le Président et les chefs monarchiques. Dix-sept de ceux-ci reçoivent la mission de préparer une loi pour réglementer le suffrage universel. Le projet en est présenté à l'Assemblée par M. Baroche, président du Conseil.

La loi électorale du 31 mai, qui exige des électeurs trois ans de domicile, est votée malgré l'opposition violente des socialistes, des républicains et des ultra-légitimistes. — Elle est suivie :

D'une *loi contre les clubs* qui interdit les réunions électorales, et qui proroge pour un an la loi du 19 juin 1849 ;

D'une loi qui désigne pour lieu de *déportation* l'île Nouka-Hiva, dans le groupe des Marquises (8 juin 1850) ;

D'une *loi de la presse* qui rétablit le timbre et exige la signature des écrivains (16 juillet).

IX

Louis-Napoléon et l'Assemblée Législative.

A peine ces mesures d'énergie eurent-elles rétabli la tranquillité publique, que la division se glissa dans les rangs du parti de l'ordre. Les journaux présidentiels dirigent de violentes attaques contre l'Assemblée. Celle-ci ne vote un supplément de traitement au Président qu'avec une répugnance marquée et sur l'intervention de Changarnier; elle condamne à sa barre le gérant du journal napoléonien *le Pouvoir*; enfin, au moment de se proroger, elle écarte de la Commission de permanence tous les amis du Président.

L'Assemblée se prorogea du 11 août au 11 novembre 1850. La conduite de Louis-Napoléon dans cet intervalle et les susceptibilités de la Commission de permanence amenèrent de nouvelles causes d'irritation.

Les voyages de Louis-Napoléon à Lyon et à Cherbourg, les acclamations qui l'accueillirent, les discours

**

qu'il prononça, les menées de la société du Dix-Décembre, les banquets donnés aux sous-officiers par le Président, les revues qu'il passa à Versailles dans la plaine de Satory, les distributions de vivres faites aux troupes, tous ces incidents mécontentèrent la Commission de permanence et donnèrent plus d'importance aux accusations de coup d'État. On signalait déjà l'existence d'un parti de l'Élysée.

Les légitimistes relevaient aussi leur drapeau. Des représentants étaient allés à Wiesbaden tenir une conférence avec le comte de Chambord. Là, l'opinion de M. Berryer l'avait emporté sur celle de M. de Larochejaquelein. Un manifeste signé de M. de Barthélemy venait de condamner le système de l'appel au peuple, de revendiquer les droits de Henri V, et de désigner les chefs qui devaient diriger son parti.

Changarnier n'approuvait pas les manifestations napoléoniennes. La bonne harmonie disparut entre lui et le ministère. La révocation du ministre de la guerre, M. d'Hautpoul, parut d'abord une tentative de rapprochement; mais le déplacement du général Neumayer, un des subordonnés de Changarnier, le mécontentement de ce dernier, et l'ordre du jour par lequel il blâma les manifestations de l'armée, furent les indices d'une rupture prochaine. La Commission de permanence fut même sur le point de convoquer l'Assemblée.

La dissolution de la société du Dix-Décembre par le ministère, et surtout le message fortement constitutionnel du 12 novembre 1850, mirent momentanément un terme à ce conflit.

L'Assemblée néanmoins ne cessa pas de témoigner dans toutes les circonstances un mauvais vouloir contre Louis-Napoléon ; — et enfin, le 3 janvier, elle vota, dans un esprit hostile au ministère, un ordre du jour en faveur du général Changarnier.

Le lendemain, on apprit la dissolution du cabinet. — Il fut réorganisé six jours après ; mais cette réorganisation fut accompagnée de la destitution de Changarnier et de la division du commandement de l'armée de Paris (9 janvier 1851).

La majorité de l'Assemblée s'était modifiée depuis la prorogation. Les partis orléaniste et légitimiste s'étaient ouvertement séparés du parti présidentiel. Changarnier était devenu leur général de confiance. Ils prirent fait et cause pour lui, et se coalisèrent contre le ministère avec l'extrême gauche.

Maîtres de l'Assemblée par cette coalition, les partis monarchiques nommèrent une Commission *pour aviser* (10 janvier) ; ils couvrirent d'applaudissements le général Changarnier, et, secondés par la Montagne, à laquelle ils abandonnèrent une partie de l'ordre du jour, ils emportèrent un vote éclatant de méfiance contre le ministère (18 janvier 1851).

Ce vote renversa le ministère du 15 mars (Baroche, Fould, Rouher). — Louis-Napoléon adressa, le 24 janvier, à l'Assemblée un message pour annoncer la formation d'un *ministère de transition* : les membres de ce ministère étaient tous choisis en dehors de l'Assemblée.

Celle-ci repoussa la dotation demandée pour le Président.

La prudence des nouveaux ministres et les déclarations du Pouvoir exécutif en faveur de la loi du 31 mai, déjouèrent la rivalité prête à s'engager entre les deux pouvoirs. L'attention publique fut absorbée par les intrigues des partis, les bruits de fusion et d'alliance entre les deux branches des Bourbons, enfin par les démarches et les pourparlers relatifs à la composition d'un ministère définitif.

Ce ministère, constitué le 10 avril 1851, réunit Léon Faucher à MM. Baroche, Rouher et Fould. L'Assemblée accepta ces noms, sans manifester d'opposition, ni de satisfaction.

X

Louis-Napoléon.

La France se préoccupait beaucoup de la question présidentielle.

Les pouvoirs de Louis-Napoléon et ceux de l'Assemblée Législative allaient expirer à la fois au mois de mai 1852, et, comme pour compliquer la situation, la Constitution de 1848 interdisait la réélection de Louis-Napoléon, le seul candidat dont le nom imposât à la démagogie. Il fallait donc réviser la Constitution. Mais cette révision était entourée de tant de difficultés, qu'il paraissait impossible que l'Assemblée pût l'accomplir. Comment, en effet, obtenir trois lectures à un mois d'intervalle, et, à chaque lecture, une majorité qui fût égale aux trois quarts des voix ? Le socialisme annonçait ouvertement son triomphe pour le mois de mai 1852.

Plusieurs propositions furent faites. Les unes demandaient une révision partielle, les autres une révision totale. de la Constitution. Les légitimistes appuyaient ce dernier parti. Il fut proposé à l'Assemblée par M. Berryer et 233 représentants.

L'Assemblée, après avoir voté la loi sur l'agglomération lyonnaise, qui attribuait au préfet du Rhône les pouvoirs de préfet de police, — la loi qui interdisait les clubs pour un an de plus, — et après avoir prorogé les élections des Conseils généraux, municipaux et d'arrondissement, — s'occupa enfin, le 14 juillet, de la proposition de révision.

La discussion fut vive et prolongée; mais une majorité en faveur de la révision, de 446 voix contre 278, ne fut pas suffisante. La minorité l'emporta, grâce à la Constitution, et la question fut écartée.

L'Assemblée se prorogea du 10 août au 4 novembre.

Cette prorogation fut signalée par les complots socialistes découverts à Lyon et à Paris, par les troubles de l'Ardèche, de l'Allier, du Cher et de la Nièvre, et par la manifestation de quatre-vingt-un Conseils généraux, qui réclamèrent la révision de la Constitution. Les candidatures du Prince de Joinville et de M. de Larochejaquelein à la présidence de la République paraissaient prêtes à se produire.

Un fait plus grave vint compliquer la situation. Le Président, qui depuis long-temps faisait attaquer la loi électorale du 31 mai 1850 par ses journalistes Véron et Granier de Cassagnac, se déclara ouvertement favorable au suffrage universel pur et simple, sans conditions de domicile.

Cette détermination entraîna la démission du ministère Baroche-Faucher, et celle du préfet de police Carlier. Le nouveau ministère fut présidé par M. de Thorigny.

Au retour de l'Assemblée, Louis-Napoléon demanda par un message l'abrogation de la loi du 31 mai, et présenta une nouvelle loi électorale qui, moins restrictive, dispensait des trois ans de domicile.

Dans l'Assemblée, il se fit aussitôt un mouvement de concentration. Les partis étaient trop divisés pour se mettre jamais d'accord sur la question si grave de la Présidence; les menaces de la démagogie et l'approche si redoutée de 1852 ne suffirent pas pour les unir et pour reformer ce grand parti de l'ordre qui avait sauvé la société en 1848. La crainte que Napoléon ne l'emportât fut plus puissante, et amena une coalition des orléanistes et des légitimistes.

Dominée par cette coalition, l'Assemblée repoussa par 6 voix de majorité le projet de loi électorale du Président; mais elle n'osa pas accorder à la coalition le pouvoir de requérir directement les troupes destinées à la défense du Corps législatif. Cette proposition, faite par les questeurs, avait pour but de former une armée dont on aurait donné le commandement à Changarnier. Celui-ci aurait tenu en échec Louis-Napoléon et peut-être même l'aurait déposé. La proposition fut chaudement débattue, et elle aurait été votée sans le discours menaçant du ministre de la guerre, Saint-Arnaud.

L'Assemblée venait de se laisser vaincre. Elle montra

de nouveau sa faiblesse dans la discussion de la loi électorale communale, en ne donnant qu'une seule voix de majorité en faveur du domicile de deux ans.

Les divisions et la faiblesse de ce corps politique amenèrent à la fois sa perte, celle de la République, et celle du système parlementaire. — Louis-Napoléon frappa contre l'Assemblée et contre la Constitution de 1848 le coup d'État du 2 décembre 1851, qui réussit.

Henri GRADIS.

1857. — Bordeaux. Imprimerie générale de Mme Crugy, rue et hôtel St-Siméon, 16.